SCHOTTI TO GO

Michael Schottenberg

Oberösterreich für Entdecker

Mit 81 Fotos

Amalthea
Verlag

Bleiben wir verbunden!
Besuchen Sie uns auf unserer Homepage **amalthea.at**
und abonnieren Sie unsere monatliche Verlagspost unter
amalthea.at/newsletter

Wenn Sie immer aktuell über unsere Autor:innen und
Neuerscheinungen informiert bleiben wollen, folgen
Sie uns auf Instagram oder Facebook unter
@amaltheaverlag

Sie möchten uns Feedback zu unseren Büchern geben?
Wir freuen uns auf Ihre Nachricht an **verlag@amalthea.at**

Redaktioneller Hinweis:
In Fällen, in denen aus Gründen der Stilistik das generische Maskulinum
verwendet wird, sind grundsätzlich immer alle Geschlechter gemeint.

Für Claire

Inhalt

Die Entdeckung des Kontinents 10
Unterwegs durch das Land oberhalb und unterhalb der Enns

1 **Eine kleine Geschichte über die Freiheit** 15
Mariendom Linz, Domplatz 1, 4020 Linz

2 **Die Neue Sachlichkeit** 23
Tabakfabrik Linz, Peter-Behrens-Platz 7–8, 4020 Linz

3 **Schule der Sinne** 30
Wenschitz Pralinenwelt, Allhaming 47, 4511 Allhaming

4 **Am stillen Ort** 38
Titanic Museum, 4490 St. Florian titanicmuseum.at

5 **Brot und Kunst** 47
Paneum – Wunderkammer des Brotes, Kornspitzstraße 1, 4481 Asten

6 **Ratgöbluckn oder die Angst vor kleinen Räumen** 54
Erdstall Ratgöbluckn, Stephaniehain, 4320 Perg im Mühlviertel

7 **Ein Haus für Dilettanten** 60
Stadttheater Grein, Stadtplatz 7, 4360 Grein

8 **In aller Munde** 66
Knödelwerkstatt Dilly, Hauptstraße 12, 4581 Rosenau am Hengstpass

9 **Ein schöner Laich** 74
Alpenkaviar, Kniewas 26,
4571 Steyrling

10 **Der Schwarze Graf** 81
Oberösterreichisches
Sensenschmiede-
museum, Gradenweg 9,
4563 Micheldorf

11 **Vom Bestimmen** 87
der Welt
Sternwarte des Stifts
Kremsmünster,
4550 Kremsmünster

12 **Unter der Haube** 98
Bezirksgoldhauben
Vöcklabruck,
4690 Rüstorf
goldhauben-bezirk-
voecklabruck.at

13 **In der Pilzkist'n** 105
Pilzothek Klaus
Schnötzinger-Vorwahlner,
Gerichtsbergstraße 20,
4840 Vöcklabruck

14 **Beim Tierpräparator** 113
Salzkammergut
Tierweltmuseum Höller,
Aurachtalstraße 61,
4812 Pinsdorf

15 **Regeln, Riten,** 120
raue Nächte
Museum Ebensee,
Kirchengasse 6,
4802 Ebensee

16 **Das weiße Pferd** 129
Romantikhotel
Im Weissen Rössl,
Markt 74, 5360 St. Wolf-
gang im Salzkammergut

17 **Das Dirndlparadies** 136
Gasthof zum Seewirt,
Zellhofweg 1,
4893 Zell am Moos

18 **Winkelmeier Franz,** 144
Riese
Riesenmuseum Lengau,
Lengauer Hauptstraße 22,
5211 Lengau

19 **Über die Muße** 151
Ibmer Moor, Schutz-
gebiet Pfeiferanger,
5142 Eggelsberg

20 **Mein Mostschädl** 157
Mostobstbaumallee,
Anton-Bruckner-Straße,
4710 Grieskirchen

21 **Es mueß seyn** 164
Stefan-Fadinger-Museum,
Kirchenplatz 1,
4084 St. Agatha

22 **Fährmann Witti** 170
Boots- und Zillenbau
Ing. Gerald Witti, Freizell 4,
4085 Wesenufer

23 **Die vielen Welten** 176
der Annerose R.
Atelier Annerose Riedl,
Dorfplatz 4,
4786 Brunnenthal

24 **Traumland** 181
Kubin-Haus, Zwickledt 7,
4783 Wernstein am Inn

25 **Mit der Pferdebahn** 185
Pferdeeisenbahn-Museum,
Kerschbaum 61,
4261 Rainbach im Mühlkreis

26 **Denken für die** 194
Zukunft
Green Belt Center,
Markt 11, 4263 Windhaag
bei Freistadt

27 **Stifterwald** 200
Pfarrkirche Kefermarkt,
4292 Kefermarkt –
Ferienregion Böhmerwald –
Oberplan

28 **Der schnader-** 207
hüpfelnde Schulfuchs
Stowasser-Bankerl,
Lest 23, 4212 Neumarkt
im Mühlkreis

29 **In Linz müsste** 217
man sein!
Die Linzer Museen:
Nordico Stadtmuseum –
Schlossmuseum –
Ars Electronica Center –
Lentos Kunstmuseum

30 **Der Moloch** 224
voestalpine AG,
Voestalpine-Straße 1,
4020 Linz

Bildnachweis 230

Der Autor 231

Die Entdeckung des Kontinents

Unterwegs durch das Land oberhalb und unterhalb der Enns

Die Fragen, die ich Land und Leuten stelle, könnten nicht vielschichtiger sein. Liegt es an meiner unstillbaren Neugier, alles gleichzeitig „erfahren" zu wollen? Marco Polo ließ sich ein halbes Leben lang Zeit. Vierundzwanzig beschwerliche Jahre lang dauerte es, als er von Venedig aus über die Seidenstraße bis ins Reich der Mitte reiste – und wieder retour. Ich bin meist nur ein paar Wochen unterwegs. Und doch kommt mir jeder Tag wie eine kleine Ewigkeit vor. Waren die Karawanen der ersten Orientfahrer bepackt mit Tausch- und Handelswaren, trage ich nicht mehr als einen Rucksack mit mir herum, eine Kamera in der Hand und eine große Portion Courage im Herzen. Das Abenteuer der Beschränkung kann beginnen – nur mit dem Nötigsten unterwegs zu sein, ist befreiend. Meine wichtigsten Requisiten sind Block und Bleistift. Mit ihnen halte ich meine Beutezüge fest: die Begegnungen mit Menschen und Kulturen.

Nicht nur in der Fremde lasse ich mich gerne überraschen. Auch in der Heimat. Besonders von einem Land, das ich zu kennen glaube, in dem ich aber auf Schritt und Tritt mit mir unbekannten, fantastischen Geschichten konfrontiert werde. Was gilt es da nicht alles zu entdecken! Welche Ereignisse prägten die Politik eines Landes, wo verbergen sich Tradition und vergessenes Handwerk, wo Innovation und Kreativität, welche kulinarischen Genüsse kommen auf den Tisch? Über die Antworten bin ich zumeist erstaunt. Aber: Wer gibt sie mir? Die Auswahl meiner Gesprächspartner ist mindestens so entscheidend wie meine Neugier.

Also durchstreife ich das Land oberhalb und unterhalb der Enns, aufmerksam und gründlich, nehme mir eine Region nach der anderen vor, fahre kreuz und quer, hügelauf, hügelab, mache halt, wenn mir danach ist, entdecke, staune und mache vor allem eines nicht: einen Plan. Neuland lässt sich am besten unvorbereitet erfahren.

Oberösterreich kombiniert Natur, Wirtschaft, Kultur und Lebensart auf eine einzigartige Weise – das ist es, was das Land für Bewohner und Besucher gleichermaßen attraktiv macht. Die Hauptstadt Linz ist ein Zentrum zeitgenössischer Kunst, eine einzigartige Kombination aus Anspruch und Improvisation, Industrie, Lebensfreude und jeder Menge Überraschungen. Kulturelle Vielfalt wird in den Gassen rund um den Mariendom großgeschrieben, die Musik-, Theater- und Museumsszene besticht durch ein überreiches Angebot, die Subkultur boomt. Nicht umsonst gilt der ewige Spruch: „In Linz beginnt's." Er funktioniert auch als Imperativ: „In Linz beginnt's!" Das muss man den Hauptstädtern nicht zweimal sagen. Kreativität und Fortschritt sind im Übermaß vorhanden, dafür sorgen schon die fünf Universitäten: die Johannes Kepler Universität, Kunstuniversität, Anton Bruckner Privatuniversität, Katholische Privatuniversität und Sigmund Freud Privat-Universität, dazu kommen noch zwei Fachhochschulen und zwei Pädagogische Hochschulen sowie die neue Technische Universität. Bei einem Bevölkerungsanteil von knapp über dreißigtausend Einwohnern der Gruppe der Zwanzig- bis Neunundzwanzigjährigen ist dies beachtlich.

Die vier Vierteln des Landes, Hausruck-, Inn-, Traun- und Mühlviertel, gleichen in ihrer Vielfalt einem Kaleidoskop, das sein Funkeln für denjenigen bereithält, der gewohnt ist zu sehen. Vom Ufer des mächtigen Inn bis zum märchenhaften Böhmerwald, vom Sengsengebirge bis ins Salzkammergut, von den Gestaden des Traunsees bis zur Schlögener Schlinge – auf meiner roten Vespa brauste ich durch alle Regionen Oberösterreichs – und kam aus dem Staunen nicht heraus. Die Schönheit der Landschaft ergibt sich aus der harmonischen Verbindung von majestätischen Berggipfeln und sanften Hügeln, von endlosen Ebenen bis hin zu ruhigen Gewässern – die Vielfalt der Natur und die Einzigartigkeit der Landschaft formten eine Kulisse, die staunen macht. Die Menschen, die ich unterwegs traf, vertrauten sich mir an. Aus den Geschichten setzt sich die Geschichte ihres Landes zusammen: Da ist der Tierpräparator, in dessen Dachboden Thomas Bernhard einen Roman schrieb, die kapriziöse Holzkünstlerin, die mit ihrer Kettensäge Puppen schnitzt, der Bäckermeister, dessen Unternehmen längst ein Global Player ist und der ein Museum voll mit Brotkunstwerken besitzt, der Riese, der so groß war, dass er die Welt zu seinen Füßen nicht mehr sah, und der Linzer Domeremit, der sich zu meiner großen Verwunderung als der Autor selbst entpuppte ...

Oberösterreich hält vieles bereit: Handwerke wie das der „Schwarzen Grafen" zu Füßen des Naturparks Kalkalpen, des Knödeldrehers, des Fischrogenabschöpfers, des Pilzologen oder des Zillenbauers. Landschaften wie das Seeparadies in Zell am Moos, der vergessene „Green Belt" an der tschechischen Grenze, der „Stifterwald" oder die furchteinflößende Kalksteinwelt der Ratgöbluckn in Perg. Das Land ist bis oben hin voll von Kultur – sei es die Kubin'sche Traumlandschaft, das liebliche Mühlviertel, in dem der „schnaderhüpfelnde" Lateinprofessor arbeitete, das bemerkenswerte Wissensmuseum der Sternwarte Kremsmünster oder das von Dilettanten gegründete Stadttheater Grein bis hin zur grandiosen Kulturhauptstadt Linz.

Durch Oberösterreich zu reisen heißt auch, seine Bewohner verstehen und lieben zu lernen. Diesmal dauerte meine Reise ein ganzes Jahr lang: von den ersten wärmenden Strahlen der Frühlingssonne an bis tief in den Winter hinein. Marco Polos Reiselust werde ich in diesem Leben nicht mehr erreichen, aber ich nähere mich ihm an. Ich wollte ein Buch über ein Land schreiben. Es wurde eines über Menschen.

Eine kleine Geschichte über die Freiheit

Mariendom Linz, Domplatz 1, 4020 Linz

Der Weg beginnt hinter einer schmalen, unauffälligen Holztür am Beginn des Kirchenschiffes. Stufe um Stufe arbeite ich mich hoch, den Windungen der Treppe folgend, die kein Ende nehmen will. Als ob sich hier alles um sich selbst dreht. Es ist beschwerlich, in den Himmel hinaufzusteigen. Ich klettere durch eine senkrechte Röhre, von deren Ende schwacher Lichtschein zu mir dringt. Die Wahrheit ist, ich sehe gar kein Licht. Um mich abzulenken, denke ich mir das einfach so. Höhenangst und Klaustrophobie sind lange schon mein Thema. Der Turm des Linzer Mariendoms ist hoch, vor allem aber eng. Zumindest das Stiegenhaus. Es ist nicht die Anstrengung, die mir den Atem raubt, es ist meine innere Unruhe. Das Gefühl, festzustecken, macht mir Angst. Mein Rucksack füllt die komplette Breite der Steigleiter aus, sodass es schon rein physikalisch kein Zurück mehr gibt. Ich schließe die

15

Augen. Wie oft habe ich diesen Traum schon geträumt. Düstere Geister, Schwarzalben, umgeben mich, eklige, kleine Biester, die den Menschen nichts Gutes wollen.

„Kommen Sie!", sagt eine Stimme.

„Ich komme." Ich öffne die Augen und steige weiter. Stufe um Stufe.

„Ich möchte eine Geschichte über Eremiten schreiben", sagte ich einer freundlichen Dame am Telefon.

„Wie schön!"

„Haben Sie einen Platz frei?"

„Sie wollen tatsächlich zu uns kommen?"

„Ja", sagte ich, „tatsächlich."

Ein paar Tage später bin ich da. Die Turmwächterin stapft unmittelbar vor mir. Auch sie kämpft mit ihrer Kondition, kein Wunder, sie trägt einen unförmigen Rucksack, in dem sich die Mahlzeiten befinden, die mich in den nächsten vierundzwanzig Stunden versorgen werden. Ich schleppe Leichteres: Bettzeug, Handtuch und ein paar persönliche Dinge, die mir das Überleben in achtundsechzig Metern Höhe erträglich machen. Für die nächsten Tage bin ich als Turmeremit in der Himmelsklause des zehnthöchsten Sakralbauwerkes der Welt engagiert. Die Rolle habe ich mir selbst ausgesucht, also kann ich sie auch nicht zurücklegen – obwohl ich kurz davor bin.

Die Idee des Turmeremiten, an der der Kunstkurator Hubert Nitsch federführend beteiligt war, wurde im Rahmen der Kulturhauptstadt Linz09 geboren – und sie war in jeder Beziehung atemberaubend. Nirgendwo gab es Vergleichbares. In der Türmerstube des Mariendomes wurde eine Eremitage eingerichtet, um sie Menschen zur Verfügung zu stellen, die die Einsamkeit suchen. Der „Raum der Stille"

Die Schönheit des Himmels

liegt weit oberhalb der quirligen Altstadt und versteht sich als ein Ort, der unserer Beschleunigungsgesellschaft einen notwendigen Gegenentwurf anbietet. Mit dem Kopf oberhalb der Wolken hat man die Möglichkeit, in größtmöglicher Abgeschiedenheit über sich und sein Leben nachzudenken, über Sinn und Unsinn, Rückzug und Achtsamkeit, Bedürfnis und Orientierung. Jeder, der den Fluchtweg aus dem Schwungrad seiner Karriere sucht, findet hier das vielleicht Wichtigste vor – sich selbst. Das Bestechende an dem Gedanken ist: Man verbleibt inmitten des Alltags und könnte ihm doch ferner nicht sein. Die Oase der Ruhe liegt erhaben über allen Dächern, weit oberhalb des Kirchenschiffes, fern der Erde, nahe der Unendlichkeit. Die Idee sprach sich wie ein Lauffeuer herum. Entsprechend begehrt sind die Zeitfenster, die den Ruhesuchenden übers Jahr zur Verfügung stehen.

Seit ich davon hörte, ließ mich die Idee dieses spirituellen Ortes nicht los. „Du bist verrückt", sagten meine Freunde. „Bin ich nicht", antwortete ich, wusste aber, dass sie recht hatten. Natürlich führte mich das Leben als Reiseautor oft schon an die Grenzen meiner Belastbarkeit. Vieles musste ich am eigenen Leib ausprobieren, um darüber zu berichten. Meine diesbezüglichen Abenteuer,

17

Die Klause

Höhlenbegehungen wie Himmelsritte, waren Mutproben der besonderen Art: die Fahrt in einem Fesselballon über die Ebene von Bagan in Zentralburma, die Seilrutsche über das Dschungeldach bei Chiang Mai oder über die „Blaue Stadt" Jodhpur in Rajasthan, die tief unter der Erde liegende Hang-Sung-Sot-Höhle am Chinesischen Meer. Nie aber hätte ich gedacht, dass ich mich freiwillig und im Vollbesitz meines Verstandes tagelang in eine neun Quadratmeter kleine Zelle knapp unterhalb des Himmels sperren lassen würde. Diese Entscheidung überfordert mich turmhoch.

„Geht's?", fragt mich die nette Dame.

„Klar", röchle ich. Halbzeit. Die Lungenflügel brennen. Zu meiner Beruhigung rasselt auch der gegnerische Atem. Der Zwischenstopp ist mit Bedacht gewählt, denn der Aufstieg ist bei Weitem noch nicht geschafft. Wir stehen im riesigen Dachboden oberhalb des Kirchenschiffes, und ich betrete die Bodenbretter, von denen ich mir einbilde, dass sie etwas instabil sind – Höhenangst. Die nächste Pause legen wir unmittelbar neben der riesigen, acht Tonnen schweren Immaculata-Glocke ein. Im Stock darüber hängen weitere sechs Glocken. Ab jetzt geht es auf offenen Steigleitern weiter. Durch den Rost der Trittstufen habe ich einen prächtigen Ausblick nach unten. Ein letztes Mal schraube ich mich um mich selbst. Wir sind da.

„Die Stube ist für jeden geöffnet", sagt die Bergführerin und schließt den Adlerhorst auf.

„Jederzeit?", frage ich.

„Gegen Voranmeldung. Wir sind ja kein Hotel."

Der Ausblick raubt mir den Atem. Linz von oben. Unmittelbar vor meiner Stube führt ein schmaler Gang um die Kirchturmspitze herum. Oh mein Gott, wie nahe bin ich dir. Die Welt erscheint von hier oben klein, als könnte ich sie mit der Hand umschließen. Ich bekomme den Schlüssel nebst ein paar Bibelsprüchen anvertraut, dann betrete ich die beiden letzten Stufen in Richtung Ewigkeit und lasse mich aufs Bett fallen. Das Einzige, was jetzt noch bleibt: Lachen. Aus vollem Hals. Wir beide sehen uns an und lachen.

Die Turmfrau instruiert mich, wie ich in den nächsten Tagen zu meinen Mahlzeiten komme – indem ich die Himmelstreppe hinunter und mit einem schwer bepackten Rucksack wieder hinaufsteige – und welche Sicherheitsvorschriften während meines Aufenthaltes zu beachten sind, immerhin bin ich nachts, wenn der Dom schließt, das einzig verbleibende Crew-Mitglied an Bord des Kirchenschiffes. Wer kann das schon von sich behaupten? Und ganz Linz weiß davon, verrät doch das beleuchtete Turmfenster meine Anwesenheit: Der Eremit wacht über die Ruhe seiner Schutzbefohlenen.

Dem nicht genug, überreicht mir meine Kommandantin jetzt auch noch das „Rote Telefon". Mit einem geheimen Codewort lässt sich im Falle der feindlichen Übernahme des Flaggschiffes christlicher Nächstenliebe der heiße Draht zur Zentrale des Österreichischen Wachdienstes aktivieren.

Linz von oben

Und sollte ich der extremen Abgeschiedenheit wegen selbst Hilfe beanspruchen, darf ich ihn auch für mich in Anspruch nehmen – eine Steigleiter ist schnell ausgefahren, sie steht Tag und Nacht zur Verfügung.

Augenblicke später fällt die Tür ins Schloss. Draußen verhallen ihre Schritte in dem gewaltigen, nach allen Seiten hin offenen Himmelstreppenhaus. Ich bin alleine. Ich wollte es so. Allerdings, so sicher bin ich mir gerade auch nicht mehr. Viele vor mir wagten das Abenteuer. Viele werden es nach mir wagen. Dennoch, irgendwie bin ich mir gerade selbst der Nächste. Ohrenbetäubender Lärm. Es ist zwölf. Die glorreichen Sieben tun ihr Bestes. In ihrem Klang vermeine ich so etwas wie Zärtlichkeit zu hören, als wollten mich die Glocken willkommen heißen.

In einem kleinen Buch lese ich, dass das Linzer Projekt an eine alte christliche Tradition anknüpft. Aber ist sie „nur" christlich? In vielen Kulturkreisen und Religionen gab und gibt es Menschen, die eine Zeit lang, manchmal auch lebenslang, in völliger Abgeschiedenheit leben. Man nennt sie Wüstenväter oder Wüstenmütter. Ihre Erfahrung schenkt den Menschen Trost. Ich kann mir nicht vorstellen, dass ich in ein paar Tagen auch nur eine halbwegs intelligente Lebensweisheit parat haben werde.

Schon nach wenigen Stunden spüre ich es: Etwas fällt von mir ab. Hier oben erscheint manches leichter als ein paar Stockwerke darunter. Ich stehe auf dem schmalen Rundgang vor meinem Fenster, und es hat den Anschein, als wäre die Welt unter mir weiter entfernt als das strahlende Sonnendach über mir. Vielleicht muss man ja wirklich nur die Düsternis durchqueren, um die Helle zu finden. Mein Gang durch den engen Treppenschlauch hat mich der Unendlichkeit nähergebracht.

Es dämmert, und die Menschen machen sich bereit für die Nacht. Ein Meer aus tanzenden Sternen liegt unter mir, als sähe ich die Welt aus der Perspektive eines Düsenjets. Kurze Zeit später träume ich, wie sehr meine Seele an der Vergänglichkeit festklebt und wie gerne sie sich vermählen möchte – mit der Ewigkeit. Ich habe Angst und erwache schweißüberströmt. In meiner Kammer ist es kühl, ich habe vergessen, das Fenster zu schließen. Es ist tiefe Nacht. Ich entzünde eine kleine Lampe und schicke den Mitbürgern ein Zeichen des Lebens. All jene, die herübersehen zum Dom, erkennen jetzt mein Licht. Es leuchtet in die Nacht hinaus, vielleicht sogar bis dorthin, wo Hoffnung und Träume sich vereinen und ein Stück weit gemeinsam gehen.

„Wahrscheinlich leiden viele Menschen darunter, dass man ihnen zu wenig zuhört." Diesen Satz schenkt mir meine spirituelle Begleiterin am nächsten Tag, eine von fünfzehn Damen, die dem Eremiten auf seinem Weg in die Stille zur Seite stehen.

„Meist müssen wir gar nichts tun, die besondere Situation löst die Zunge. Menschen suchen die Einsamkeit, aber sie ist schwer zu ertragen. Wir hören ihnen zu. Was kann man mehr tun?"

Die Motive sind mannigfaltig: Mal ist es der Wunsch nach einem außergewöhnlichen Erlebnis anlässlich eines runden Geburtstages, mal die Lebensumstellung nach einem Arbeitsleben, oft nur der Wunsch nach Innehalten.

„Uns sind alle willkommen", sagt die Zuhörerin, „alle, die sich Zeit nehmen, um etwas vielleicht Verlorenes wiederzufinden." Was man hier nicht will, ist, dass der außergewöhnliche Ort zum Pauschalpaket einer Touristenattraktion verkommt. Booking.com bleibt außen vor.

Am dritten Tag habe ich mich an den Gesang der Glocken gewöhnt, auch der Blick über die Häuser macht mir keine Angst mehr. Selbst den Abstieg hinunter in den Bauch des Kirchenschiffs begreife ich bald als Selbstverständlichkeit, genau wie den Aufstieg durch den längst schon „befreienden" Treppentunnel. Die Anstrengung gehört zum Himmelsleben. Meine Seele hat sich der Zukunft versprochen. Kann ein Ort mehr können?

Und irgendwann ist es so weit. Der Abschied fällt mir schwerer, als ich dachte. Ich stehe im Rundgang vor der Türmerstube, begreife mein Dasein als eine befreiende Herausforderung und freue mich auf das Morgen. Ein letzter, furchtloser Blick über die Erdenwelt. Ich wollte eine Geschichte über die Einsamkeit schreiben – es wurde eine über Freiheit.

Die Neue Sachlichkeit

Tabakfabrik Linz, Peter-Behrens-Platz 7–8, 4020 Linz

In den 1920er- und 1930er-Jahren war Prof. Peter Behrens, Rektor der Akademie der bildenden Künste in Wien (als Nachfolger Otto Wagners leitete er die Architekturabteilung), bereits ein internationaler Star. Er galt als Pionier des modernen Industriebaues. In seinem Berliner Büro arbeiteten Kapazunder wie Walter Gropius, Ludwig Mies van der Rohe oder Charles-Édouard Jeanneret-Gris, genannt Le Corbusier. Sein Durchbruch als Architekt war längst vollzogen, der eines seiner Studenten (meines Vaters) sollte sich aufgrund des nahenden Krieges nicht erfüllen.

Behrens betritt den gut gefüllten Hörsaal. Das Thema seiner Vorlesung lautet: „Die Neue Sachlichkeit". Heute will er für seinen jüngsten Auftrag, die Planung und Errichtung eines riesigen Fabriksgebäudes für die Österreichische Tabakregie, einen seiner Studenten rekrutieren. Er beginnt seinen Vortrag mit: „Meine Herren, einer von Ihnen wird mich bei meiner neuen Arbeit in Linz unterstützen. Ich bitte

Tabakfabrik Linz

um Handzeichen." Er blickt in den Hörsaal. Hände schnellen in die Höhe, ein paar Studenten erheben sich von ihren Plätzen. In diesem Moment öffnet sich die Türe. Behrens blickt auf: „Einen schönen guten Morgen, Herr Kollege", sagt er süffisant. Unzählige Augenpaare starren den Neuankömmling an. Die letzte Nacht hat doch länger gedauert als gedacht. Manche Kommilitonen lachen. Wortlos nimmt mein zu spät gekommener Herr Vater Platz und verstaut seine Aktentasche im Bankfach. Einige Reihen vor ihm hält der Student Alexander „Sascha" Popp die Hand in die Höhe. Behrens deutet auf ihn: „Sie, bitte!" Popp geht nach vorne. „Herzlich willkommen", sagt der Stararchitekt und reicht dem jungen Kollegen die Hand. Ein Sitznachbar beugt sich zu seinem Kollegen: „Mach dir nix draus, Schotti. Wannst was werden willst, musst halt früher aufstehen."

Stahl, Glas, Beton. Funktionalität verbunden mit ästhetischem Anspruch galt schon früh in Behrens' Karriere als herausstechendes Merkmal seiner viel beachteten Arbeiten. Immer häufiger verfolgte er den Anspruch der Monumentalität. Das Vorbild dafür fand er in der Bauweise der Antike. Die Fassaden seiner Gebäude erinnern an den Klassizismus von Karl Friedrich Schinkel: Pfeilerreihen als Säulenwände.

24

Behrens galt als einer der Pioniere der Corporate Identity. Für die AEG Berlin schuf er ein einheitliches Erscheinungsbild: vom Kantinenbesteck bis zur Turbinenhalle, von der Türschnalle bis zur Fassade. Ähnliches tat er in Linz. Die Formschönheit des neuen Werkes sollte Trends und Moden überdauern. Die Tabakfabrik gilt als eines der herausragendsten Beispiele modernen Bauens des frühen 20. Jahrhunderts. Behrens wurde zu einer Ikone der modernen Industriearchitektur.

Bis ins Jahr 2009 wurden am Linzer Peter-Behrens-Platz Glimmstengel produziert. Rauchen war lange Zeit in, so lange, bis sich ein neues Bewusstsein durchsetzte – die Ökobewegung. Die leichte Sucht wurde zur „schweren" erklärt, und die Zigaretten landeten im Müll. So auch die Tabakregie. Ein zündender Gedanke für eine Nachnutzung des riesigen Gebäudekomplexes fehlte. Der kam schließlich in Person eines Mannes, der in Linz als einer der führenden Köpfe im Planungs- und Bauwesen gilt: Stadtentwickler und Architekt Andreas Kleboth. Gemeinsam mit seinen Partnern richtete er sein Büro in der Fabrik ein und setzte es sich zum Ziel, dem Industriejuwel neues Leben einzuhauchen.

Die Fabrik

25

„Merken Sie? Das Gebäude tanzt."

Tatsächlich vermeine ich ein Vibrieren zu spüren, hervorgerufen von einem vorbeifahrenden Lastwagen.

„Das Haus besitzt ein Gerippe, das mit Betonschichten verbunden ist." Kleboth gibt mir die Ehre einer Privatführung durch „sein" Haus. Bei jeder Säule, bei jeder Kachel, bei jedem Fenster macht er halt – und davon gibt es eine ganze Menge. Die Fabrik ist eine Wundertüte, geplant und entworfen von einem genialen Kopf, der den Zug der Zeit bestieg und das Glück hatte, einen finanzstarken Bauherrn im Abteil sitzen zu haben. Die Details faszinieren noch heute. Selten habe ich mich an „Fenster-Wasserrinnen", an „Gerippen-Stahlbändern", „Vertikal-Verfugungen" oder Messinghandläufen so erfreut wie hier. Kleboth führt mich in die entlegensten Ecken seines Riesenbabys, und je mehr ich staune, desto mehr kommt er in Fahrt. Wir durchqueren ehemalige Montagehallen, hasten durch Stiegenhäuser, vom Keller bis zum Dach, ich staune über die unterschiedlichen funktionalen Raumhöhen, die vielfältigen Sozialeinrichtungen der ehemaligen Fabrik, über Nassräume und Großraumbüros, über Lagersilos und Lastenaufzüge, über den mutigen Grünanstrich („Linzer Grün") endloser Industrieglasfensterfronten und über monumentale Heizungs- und Stromerzeugungsmaschinen. Die Tabakfabrik war und ist ein Eldorado für Industriebaufreaks. Und der bin ich nun mal – dank meines damals etwas übernächtigen Vaters.

„Es ist ein Haus der Brüche", sagt Herr Kleboth und tänzelt über rostrote Bodenkacheln. „Sehen Sie? Diese Wege waren die Gehwege, dort, wo weiße Kacheln verlegt wurden, standen die Maschinen." Das Gebäude spricht zu uns.

„Das Handwerkliche. Das Maschinelle. Behrens hat beides in Kongruenz gebracht. Gotisierende Bündelpfeiler, kristalline Beleuchtungskörper und das Zusammenspiel von Licht und Farben verleihen den Räumen Licht und Leichtigkeit, die Spiritualität einer Kirche. Die rund um die Sockel verlegten Backsteine, das Material norddeutschgotischer Dome, unterstreichen die Wirkung", ereifert sich der Herr Architekt. Funktion und Gestus. Die monumentalen Hallen des extravaganten Gebäudekomplexes strahlen trotz ihrer Wucht eine feine Eleganz aus. Die optische Qualität ergibt sich durch Material und Farbgebung.

Das Stiegenhaus

Behrens baute nicht nur Fabriken, seine Handschrift prägte auch Wohnhausanlagen. Der Wiener Franz-Domes-Hof mag als Beispiel gelten. Dessen wuchtiger Baukörper erfährt mittels langer Balkongruppen und eingeschnittener „Loggien-Bänder" eine aristokratische Gliederung, die von diversen Stiegenhäusern unterbrochen wird. Wahrscheinlich ist es die Sehnsucht nach Einfachheit, nach klaren Linien, im Zusammenspiel mit großzügigen Details, die Behrens' Architektur zu einem viele Jahrhunderte überdauernden Ereignis macht.

Heute ist der Gebäudekomplex eine multifunktionelle „Kultur- und Denkfabrik", die vieles unter einem Dach vereinigt: Ausstellungen, Symposien, Start-ups, Kreativwerkstätten, Stadt- und Architekturentwicklung, Design- und Filmproduktionsbüros, Fashion- und Technologieausbildung der Kunstuniversität Linz und sehr, sehr viel mehr.

Architektur als Marke

Ich beende den Rundgang im Büro des Herrn Architekten. Er und sein Team haben zweifellos dazu beigetragen, dieses Wunderhaus mit neuem Leben zu befüllen. Architekten sind ihrer Zeit stets voraus. Ohne Form kein Inhalt. Die Arbeit der Baukunstsachverständigen verlangt ganzheitliches Denken und Planen.

Beeindruckt verabschiede ich mich von der Linzer Tabakfabrik. Was Herr Kleboth nicht wusste: Mehr als nach dem Gebäude war ich auf Spurensuche nach meinem Vater. Seine Visionen blühten nur für kurze Zeit. Sie wurden im Kugelhagel eines mörderischen Krieges begraben. So ist das mit unerfüllten Träumen. Mit der Zeit werden sie zu Wehmut. Vielleicht auch zur Sehnsucht nach Neuer Sachlichkeit.

TIPPS

Künstlerische Domizile

Gustav Klimt:
In der Region Attersee-Attergau liegen die Sehnsuchtsorte des großen Secessionisten. Den Sommer über gibt es Ausstellungen, Spaziergänge, Malkurse und jede Menge Veranstaltungen, die an den Wiener Genius erinnern. Hier sieht man die Welt in seinen Farben!

Gustav Mahler:
Sein Komponierhäusl liegt in Steinbach, direkt am Ufer des Attersees – schwimmen, wandern, Rad fahren und komponieren. Die Enklave des Meisters ist auch heute noch ein Ort der Inspiration. Achtung: Suchtfaktor!
Seefeld 14,
4853 Steinbach am Attersee

August Strindberg:
Im beschaulichen Ort Saxen steht das einzige Museum des großen schwedischen Dramatikers außerhalb seines Heimatlandes. Es thematisiert die problematische Ehe des Dichterfürsten mit der Oberösterreicherin Frida Uhl sowie die hier entstandenen Werke. Eintauchen in die Seelenwelt des Ruhelosen!
Saxen 7, 4351 Saxen

Franz Xaver Gruber:
Das „Gedächtnishaus" in Hochburg-Ach widmet sich der Entstehung und Verbreitung des berühmtesten aller Weihnachtslieder aus der Feder des Komponisten Franz Xaver Gruber. Wie entsteht ein Welterfolg? Mitsingen ist Pflicht – nicht nur in stiller Nacht!
Franz-Xaver-Gruber-Straße 1,
5122 Hochburg-Ach

Schule der Sinne

Wenschitz Pralinenwelt, Allhaming 47, 4511 Allhaming

Der Schokoladensommelier Helmut Wenschitz, Pralinen- und Konfektmacher von Gnaden, blickt mich siegessicher an. Er beugt sich über ein Schokoblättchen und schnuppert daran. Lange. Dann reicht er es mir.

„Riechen Sie!"

Ich schnüffle, was das Zeug hält. Süß, denke ich.

„Und?", fragt er.

„Süß", sage ich und ahne, dass ich den Test nicht bestanden habe.

Herr Wenschitz schüttelt den Kopf. „Riechen ist Glückssache." Offenbar lag ich völlig falsch. Seine Kochhaube schwillt und erscheint mir sogar noch ein bisschen aufrechter, als sie ohnehin schon war.

„Schmecken ist banal, Riechen aber ist aufregend. Wussten Sie, dass die Nase in der Lage ist, Abertausende von Aromen zu identifizieren?"

Ich antworte, „... dass ich schon froh bin, wenn ich süß von sauer unterscheiden kann – mit dem Mund".

„Der Mensch ist ein Genie. Er weiß es nur nicht. Riechen, schmecken, fühlen. Genuss funktioniert in dieser Reihenfolge. Kommen Sie!"

Der Mann wieselt von Raum zu Raum, ich versuche, mit ihm Schritt zu halten. Wir passieren elektronische Sperren, desinfizieren unsere Hände, an einer der Schleusen bekomme ich ein OP-Häubchen verpasst, an einer anderen Plastiküberschuhe, wir huschen an Stechuhren und Überwachungskameras vorbei, laufen ein Stiegenhaus abwärts, dessen Wände mit Auszeichnungen und Urkunden tapeziert sind. Ich komme mir vor wie ein Medizinstudent, der seinem Professor hinterherhechelt und das Apportl trägt.

Die Geschichte des Kakaos beginnt im südamerikanischen Regenwald zwischen den Flüssen Orinoco und Amazonas vor Tausenden von Jahren, als einer der Gründerväter des sagenhaften Aztekenvolkes einen Happen Süßes vom nächstbesten Gehölz brach und somit weltweit der erste Mensch war, der in den Genuss jener überirdischen Frucht kam, die in der feuchten Hitze Südamerikas gedieh. Die Bohnen spie der Mann aus, sie waren ihm zu bitter, am süßen Fruchtfleisch aber nagte er so lange herum, bis nichts mehr davon übrig war. Die Folge der allerersten Nascherei dauert immer noch an: Unsere Geschmackspapillen sind seit damals von jener betörenden Süße infiziert. Vorerst machte die Frucht als Getränk Karriere. Durch die Zugabe von Honig und Rohrzucker wurde der in seiner Heimat als „Cacahuatl" bekannte Saft verfeinert und heiß genossen. Später, als der Weltensegler Christoph Kolumbus das Pflänzlein nach Europa brachte, verballhornten die Spanier den Namen zu „Chocolatl". Der Terminus blieb bis heute bestehen.

In der Schule der Sinne

Die Wunderbohne erwies sich als kapriziös, die Metamorphose zu Schokolade war so aufwendig, dass es lange dauerte, bis die Menschheit in den Genuss des Genusses kam. Kakaobohnen wurden unter Zugabe von Zucker und Kakaobutter zu einer Masse verarbeitet, mit Milchpulver, Gewürzen und Aromen vermischt und zwischen speziellen Walzen zermahlt, mit dem Ziel, die Zuckerkristalle zu minimalisieren. Heinrich Stollwerck, Tüftler und Maschinenbauer zweiter Generation, entwickelte gegen Ende des 19. Jahrhunderts den sogenannten „Fünfwalzenstuhl", auch „Concha" genannt (spanisch: „Muschel"), der die Schokomasse besonders fein zerrieb und erwärmte. Der Vorgang nahm viel Zeit in Anspruch. Bis heute gilt die Herstellung von Schokolade als überaus sensibel, hängt doch die Qualität des Endproduktes sehr von den diversen Erhitzungs- und Abkühlungsvorgängen ab.

32

Ich bin zu Gast im süßen Universum der Wenschitz'schen Pralinen- und Schokoladenmanufaktur. Alles glänzt und funkelt. Eine Heerschar von Zuckerbäckern knetet, formt und verziert. An langen Tischen stehen Kunstwerke aus Zucker und Schokolade, aus Teig und Marzipan. Überirdischer Duft zieht sich quer durch die blitzblanke Produktionsstätte der prächtigsten Süßwarenmanufaktur des Landes. Ich versuche mit dem Maître Schritt zu halten.

„Sind Sie immer so schnell unterwegs?", frage ich, schon ein wenig außer Atem.

„Ein Leben lang", ruft mir der Meister über die Schulter zu und zieht das Tempo an. Vor einem Gemälde, das der Fantasiewelt des großen Surrealisten Jackson Pollock folgt, macht er halt. Ich fotografiere, was die Linse hergibt, und während er mir dabei sein halbes Leben erzählt, hasten wir weiter, durch endlose Gänge, Schleusen und mechanische Türen in Richtung Museum. Ganz recht. Das Imperium besteht nicht nur aus Produktionsstätte, Verkaufsboutique, Akademie (einer Ausbildungsstätte für Nachwuchskonditoren) und jeder Menge Seminar- und Büroräumlichkeiten, der Genusssüchtige hat sich auch seine eigene Gedenkstätte errichtet.

„Ich wollte ein Haus des Wissens schaffen, in dem man die Zusammenhänge des Geschmacks erfahren und erlernen kann. Die Menschen laufen Gefahr, ihre Sinne zu verlieren. Dem möchte ich entgegenwirken", lautet sein ganzheitlicher Anspruch.

Seit 2019 gibt es die erstaunliche Genusswelt des erstaunlichen Herrn Wenschitz. „Mir hat immer ein wenig die Bühne gefehlt, um meine versinnlichte Welt zu inszenieren.

Der Wunderbrunnen

Ich wollte etwas Einzigartiges schaffen. Nun, da das Haus fertig ist, bin ich meinem Lebensziel nahe."

„Und das wäre?" Ich blicke mich um. Wir stehen in der Herzkammer der Pralinenwelt, einem Drei-Stock-Imperium, Messinggeländer, Marmorböden und Glas inklusive. Der Trump Tower sieht nicht exklusiver aus.

„Hier!" Maître Wenschitz posiert vor einem Springbrunnen von gewaltigem Ausmaß. Ich, der ich den Wald vor lauter Bäumen nicht sehe, blicke verwirrt aufwärts, abwärts, nach links, nach rechts. Riechen, schmecken, fühlen. Und: sehen. Ein Kunstwerk von gigantischem Ausmaß ragt vom Erdgeschoß bis unters Dach hinauf.

„Zwölf Meter hoch. Mehr geht nicht!" Der Meister strahlt, seine Haube steht jetzt aufrecht wie der Zuckerhut auf der Halbinsel Urca vor Rio. Ich fasse es nicht. Eineinhalb Tonnen Schokosauce erster Güteklasse fallen in ringförmigen Kaskaden in die Tiefe, werden hochgepumpt und ergießen sich erneut bis hinunter ins Erdgeschoß. Alleine die Konstruktion des weltweit größten Schokobrunnens wiegt drei Tonnen, zertifiziert vom Branchenheiligen *Guinness World Records*.

„In Las Vegas steht auch einer, durch den fließt aber nur braune Farbe, unserer ist mit flüssiger Schokolade befüllt. Man sollte halt wissen, wie's geht."

„Sie haben meine Frage nicht beantwortet."

„Ach ja", sagt er, „Lebensziel! Sehr einfach: Tu was G'scheit's eine, dann kriegst was Fein's auße", lacht Herr Wenschitz, und wir laufen, schokoabwärts, straight away in Richtung „Schule des Riechens".

Riesige Bilder zieren die Wände. Wenschitz hier, Wenschitz da, Wenschitz mit Frucht, Wenschitz mit Bohne. Bescheidenheit ist eine Kategorie, auf die hier verzichtet wird. Warum auch nicht? Hier geht's ums Ganze.

„Ich möchte wissen, wie die Erde beschaffen ist, aus der das Produkt stammt, mit dem ich arbeite. Sei es Peru, Venezuela, Ecuador oder Madagaskar. Hier zum Beispiel ...", er deutet auf ein Foto, „so sieht die Pure Nacional aus, die seltenste Kakaobohne der Welt. Probieren Sie!" Er reicht mir ein Schokoblättchen. „Nicht reinbeißen! Schließen Sie die Augen, und lassen Sie es auf der Zunge zergehen. Sie werden schmecken, was Sie noch nie geschmeckt haben."

Ich tue es. Die Urbohne! Unverfälscht. Echt. Pur. Ich verkoste die wertvollste Schokolade der Welt und ich fühle mich wie ... jener Azteke, der vor Tausenden von Jahren im Regenwald zwischen den Flüssen Orinoco und Amazonas ins Glück biss. Die Bohne aus dem peruanischen Marañón-Tal wurde erst im Jahre 2007 wiederentdeckt. Durch Zufall. Sie wächst am anderen Ende der Welt in einer hufeisen-förmigen Schlucht auf einer Meereshöhe von über tau-send Metern, inmitten eines vollkommen intakten Öko-systems. Bis zu ihrer Entdeckung galt sie als ausgestorben. Die Frucht ist die exklusivste und teuerste Kakaobohne

Der Meisterpralineur

der Welt. Herr Wenschitz ist der einzige Chocolatier des Landes, der das braune Gold im Sortiment hat.

Das Untergeschoß des Sinnenreiches gleicht einem wissenschaftlichen Seminarraum. Von der Decke hängen birnenförmige Gefäße mit Schraubverschlüssen. Man öffnet, schnuppert und – tappt im Dunkeln. Kaum etwas ist so anspruchsvoll wie das Identifizieren von Gerüchen. An den Wänden sind grafische Darstellungen der unterschiedlichsten Wahrnehmungstexturen: Oberflächen, Strukturen, Aussehen. Andere Kategorien befassen sich mit Haptik, Mundgefühl oder Konsistenz des Anschauungsmaterials. Ich lerne, dass die Welt des Geschmacks in Begriffseinheiten unterteilt ist, die einander bedingen, ergänzen, kontrastieren.

„Schokolade macht glücklich", sagt Herr Wenschitz und führt mich zu den Verkostungssäulen. Hier wird geschmeckt und beurteilt. Hunderte Schokokugeln mit unterschiedlichen Oberflächen liegen hier griffbereit, von karamellisiert bis pastös, ausgeflockt, schaumig, rauchig, buttrig oder malzig sowie saisonale Aromen wie Pfirsich, Orange und Himbeere oder Nelke, Zimt und Mandel. Ein Schokotraum!

Nach der (gefühlt) hundertsten Testkugel verlassen mich endgültig alle Geschmackssinne, und ich weiß nicht mehr zu unterscheiden zwischen süß und herb, fest und flüssig. Ich, der ich auf sauer und scharf geeicht bin, fühle mich heillos überfordert. Herr Wenschitz bemerkt meine Verwirrtheit und führt mich hinauf in den Verkaufsraum. Großes Kino, auch hier. Eine Heerschar von Mitarbeitern krabbelt die Regale aufwärts, abwärts, berät die Kundschaft und tütet Berge von Süßigkeiten in themenkonforme Schächtelchen ein.

„Weshalb sind Ihre Angestellten eigentlich so schlank?", frage ich.

„Meine Mitarbeiter dürfen naschen, so viel sie wollen. Von der Zartbitter- bis zur Nougatkugel. Aber von einer Schokolade mit einem Kakaoanteil über siebzig Prozent nimmt man ab. Unsere Produkte sind viel zu hochklassig, um zuzunehmen." Das lässt man sich nicht zweimal sagen, und so beiße ich zum Abschied genussvoll in die Siebziger. Ich bin reichlich verwirrt. „Schokolade macht glücklich", sagt der Schokosommelier Wenschitz und reicht mir die Hand. Ich bin es, verdammt nochmal. Ich bin es. Jetzt wie nie!

Am stillen Ort

Titanic Museum, 4490 St. Florian
titanicmuseum.at

Im Mai 1911 lief das größte Passagierdampfschiff der Welt als eines von drei gleichartigen Kähnen der *White Star Line* in der *Harland & Wolff*-Werft, Belfast, vom Stapel. Bei ihrer Indienststellung war die *Titanic* für den transatlantischen Liniendienst zwischen Europa und der Neuen Welt bestimmt. In Southampton stolperten zweitausendzweihundert Passagiere die Gangway hinauf. Übermütig erklommen sie den nagelneuen Luxusliner, umarmten einander, lachten, scherzten, beugten sich über die Reling und winkten den an Land Verbliebenen zu. Begeistert grüßten diese zurück. Sie warfen die Hüte in die Luft und schwenkten Taschentücher, viele hoben ihre Kinder hoch und auch diese jauchzten und riefen ein letztes Lebewohl. Niemand, ob Groß oder Klein, konnte es erwarten, bis sich der Ozeanriese endlich, endlich in Bewegung setzte. Fotoreporter knipsten, was das Zeug hielt, eine Musikkapelle spielte, Offiziere standen stramm, Automobile schoben sich hupend durch die unüberschaubare Menschenmenge. Stundenlang harrten die Zaungäste am Kai aus. Man schrie durcheinander, von oben herunter, von unten hinauf, und alle, alle wünschten den Reisenden Glück und Gesundheit. An diesem Tag gab es wohl niemanden, der die wagemutigen Ozeanfahrer nicht beneidete, die als Allererste die Überfahrt im größten und luxuriösesten Schiff der Welt genießen durften, einem Land entgegen, das ein Leben inmitten goldener Wasserhähne versprach, und das dort, wo Horizont und Hoffnung einander berühren, an den Einwanderungsschaltern von Ellis Island, seinen vielversprechenden Anfang nahm.

Den American Dream von Karriere und Wohlstand träumten wohl alle auf dem großen Schiff: die nach Parfum und Pomade stinkenden Wirtschaftshasardeure der mittleren Decks, die sich dicke Havannas zwischen die Lippen steckten und mit halbseidenen Damen eine kesse Rumba schwoften, die Eleganten und Schönen, die es sich nach dem Einchecken in ihren Luxussuiten nahe dem großen Empfangssalon gemütlich machten, und sogar die Elenden, die dem Heilsversprechen gerissener Auswanderungsexperten auf den Leim gegangen waren und sich unten am G-Deck, knapp oberhalb der Wasserlinie, in den überfüllten Gemeinschaftsräumen einrichteten, die Holzkoffer unter ihre Schlafpritschen schoben, auf die Knie fielen und Gott für die Chance dankten, die sich ihnen drüben, in der Neuen Welt, eröffnen sollte.

Auf der Brücke indes beugte sich Edward John Smith gemeinsam mit seinen Offizieren über die Navigationskarten und erteilte erste, knappe Anweisungen. Trotzdem der Käpt'n erst jüngst seinen Ruhestand erreicht hatte, konnte ihn die Reederei zu einer „Ehrenrunde" überreden: Die Überfahrt des Luxusliners von Europa nach Amerika musste unter seinem Befehl stehen. Smith willigte ein.

Die Jungfernfahrt der *Titanic* sollte die letzte Dienstreise des erfahrenen Seemanns werden. Dass es auch die letzte des Ozeanriesen wurde, ahnte zu diesem Zeitpunkt noch niemand.

Die riesigen Schiffsschrauben begannen sich zu drehen. Gischt wirbelte hoch und setzte die Uferstraße unter Wasser. Jubelschreie, Hochrufe. Der Stahlkoloss mit dem Gardemaß von zweihundertneunundsechzig Metern Länge und einer Wespentaille von achtundzwanzig Metern vibrierte. Ausgelassen wie Springäffchen hüpften die Kinder an Deck auf und nieder, indes ihre Eltern sich über die Reling beugten und die Köpfe reckten, um einen letzten, allerletzten Blick auf jene zu werfen, die nicht das Glück gehabt hatten, eine der heiß begehrten Schiffspassagen zu ergattern. Der Einzige, der von Bord ging, war jener Offizier, der kurz zuvor von einer Dienstplanänderung in Kenntnis gesetzt worden war. Er erhielt den Befehl, erst in der nächsten Überfahrt Dienst zu schieben. Der Mann stand am Kai, enttäuscht über die Zurücksetzung, und beobachtete, wie sich das Schiff Zentimeter um Zentimeter vom Pier schob. Der Offizier nahm Haltung an. Wie gerne hätte er diese Reise mitgemacht, hätte die Abfahrt aus anderer Perspektive miterlebt und wie stolz wäre er mit seinen Kameraden an Bord gestanden. Nun blieb ihm nichts anderes übrig, als zuzusehen, wie der Kahn ablegte. Lange sah er ihm nach, so lange wie Hunderte, Tausende andere auch. Irgendwann war die *Titanic* den Blicken entschwunden. Immer noch stand er stramm, die Hände an der Hosennaht. Was er nicht merkte, war dies: In seiner rechten Tasche verbarg sich ein unscheinbarer Gegenstand, dem in der kurzen Geschichte der *Titanic* eine entscheidende Bedeutung zukommen

sollte: ein Sicherheitsschlüssel, passend in jenes kleine Kästchen, das hoch droben auf einem der Hauptmasten des Schiffes angebracht war, dort, wo der Späher in seinem Krähennest saß, um mittels eines Fernrohres entgegenkommende Gefahren auszumachen. Genau das aber unterblieb in der Nacht vom 14. auf den 15. April 1912. Das Rohr war ebenfalls freigestellt, es verblieb für die Jungfernfahrt in seinem Behältnis.

Die See war spiegelglatt und die Nacht außergewöhnlich dunkel. Der Späher konnte die verräterischen Schaumkronen

Am stillen Ort: Frau Atteneder-Schwödiauer in ihrem Museum

Bug voraus mit freiem Auge nicht erkennen. Der Schlüssel war sicher nicht das entscheidende Faktum, das zur Katastrophe führte, wohl aber einer der vielen kleinen Puzzlesteine, die die Unglückskette auslösten. Tatsache ist: Die *Titanic* war schnell unterwegs, die Kollision mit dem zu spät entdeckten Eisberg war unvermeidlich. Hätte der diensthabende Offizier das Hindernis frontal gecrasht, wäre der Schaden zwar flächenmäßig größer gewesen, doch wären nur die vorderen Abteile mit Wasser geflutet worden. Durch das Ausweichmanöver wurde das Schiff seitlich beschädigt, was zur Folge hatte, dass zu viele längsseitige Kammern vollliefen, und obgleich die Risse nur eine Gesamtfläche von knapp über einem Quadratmeter

41

Der Mythos des Unterganges

ausmachten, konnte das Schiff dem immensen Druck des eintretenden Wassers nicht standhalten.

Ich befinde mich im kleinsten *Titanic*-Museum der Welt, einem zentral gelegenen Örtchen inmitten eines schmucken Eigenheims. Der Schauraum ist beengt – was Wunder, handelt es sich doch um die Toilette des Hauses. Die stolze Besitzerin nimmt auf ihrem Thron Platz.

„Es hat sich so ergeben", sagt sie lachend, „der Raum stellt gewissermaßen den Mittelpunkt meines Lebens dar. Das Haus wurde drumherum gebaut, ob Sie's glauben oder nicht."

Ich bin es gewohnt zu glauben, zu lange schon reise ich landauf, landab, suche Abenteuerliches, begegne Kuriosem. Aber dies hier? Um es vorwegzunehmen, das Häusl gab einen prächtigen Ort für unser beginnendes Gespräch ab.

42

„Die Katastrophe faszinierte mich schon als Kind", sagt die Museumsdirektorin Lisa Maria Atteneder-Schwödiauer. „Am 14. April 1987, dem Jahrestag des Unterganges, sah ich im Fernsehen eine Doku und war infiziert. Schon am nächsten Tag nahm ich das Hörspiel *Die Titanic hat Flügel bekommen* auf. Ich war mit meiner Puppe an Bord, und in meiner Fantasie hatte das Schiff riesige Schwingen."

Die Kinderkassette stellte den ersten, entscheidenden Baustein der Sammlung dar und hat heute einen Ehrenplatz in einer der Vitrinen – vom (einzigen) Sitzplatz aus gesehen rechts. Das Leben der kleinen Lisa Maria erfuhr in ihrem neunten Lebensjahr den entscheidenden Twist, seither erforscht und sucht sie, was das Thema hergibt. Das Entscheidende aber, sie dreht die Story weiter – seit 2012 in ihrem sehr speziellen Museum. Den Geschichten hinter den Geschichten gilt ihr Interesse.

„Der Mythos des Unterganges ist gleichbedeutend mit dem Scheitern einer Utopie. Das Thema ist vielschichtig", sagt die Frau Direktorin, „es ist keineswegs nur die Katastrophe, die mich fasziniert, es ist die Tatsache, dass der Mensch in seiner Hybris, in seiner Sucht, die Welt zu beherrschen, an eine Grenze stieß. Der faustische Anspruch erfuhr an diesem 14. April eine entscheidende Wendung." Tatsächlich stand ein Eisberg zwischen Traum und Wirklichkeit menschlichen Strebens.

Frau Atteneder-Schwödiauer verlässt den gar nicht so stillen Ort, während ich verbleibe, wohin selbst Kaisers zu Fuß hingehen. Hier, auf einer Toilette, eingeklemmt zwischen Mühl- und Traunviertel, einen Steinwurf von der A1 entfernt, wird mir das Ausmaß des Scheiterns bewusst. Ich sitze, also denke ich. Der Lokus als ein Ort geistiger

Besinnung. Wir vermeinen, die letzten Geheimnisse der Welt zu entdecken, manchmal aber vergessen wir den entscheidenden Schlüssel in der Hosentasche.

Ein bisschen beobachtet fühle ich mich dabei schon, denn die Memorabilien stapeln sich bis zum Plafond: Plaketten, Bilder, Bücher, eine Musikanlage, die in Endlosschlaufe Meeresrauschen abspielt, gefolgt von Schmonzetten, die das Bordorchester während des Unterganges spielte. In einem Rahmen steckt ein Foto, das die Frau Direktorin neben einem Herrn zeigt, der als erster Mensch den Tauchgang auf viertausend Meter Tiefe wagte und das Schiffswrack entdeckte.

„Man hat sogar Koffer aus gegerbtem Leder gefunden, inklusive Inhalt. Das müssen Sie sich einmal vorstellen!", ruft sie, als wüsste sie, welches Bild ich mir gerade ansehe. Kernstück des Museums ist ein wunderschönes Schiffsmodell, das die Titanistin in monatelanger Kleinarbeit angefertigt hat – alleine das würde den Besuch des Schauraumes lohnen.

Draußen erhole ich mich von all dem schönen Schrecken bei einer Tasse Kaffee.

„Es gibt Menschen, die kochen das vierzehngängige Dinner der letzten Nacht, manche schneidern die Kleidung der Erste-Klasse-Passagiere, wieder andere verlieren sich in technischen Details, oder sie vollziehen die Gesellschaftstänze während des Sinkens nach. Für mich zählen die philosophischen Begleiterscheinungen: der Untergang eines Traumes. Zahlen, Daten, Fakten interessieren mich nicht, ich versuche mich der Katastrophe ganzheitlich anzunähern. Mich interessiert, was hinter dem Scheitern steckt", so Frau Atteneder-Schwödiauer.

Ich habe die Zeit übersehen. Noch einmal bitte ich die Prinzipalin, am Gedenkort Platz zu nehmen. Ein letztes Foto, eine letzte Frage – die ich aber gar nicht ausspreche. „Sind Sie glücklich?", denke ich und reiche ihr zum Abschied die Hand.

Sie sagt: „Letzten Sommer stand ich in Cobh am Pier. Es ist jener irische Hafen, an dem die *Titanic* zuletzt geankert hat. Die Fahrt ging ja von Southampton nach Cherbourg und von dort nach Queenstown, das heutige Cobh. In diesem Hafen bin ich auf meine Sehnsucht gestoßen. Hier in meiner Wohnung verwirkliche ich sie. Mein Museum ist gewachsen. Von eins Komma drei Quadratmeter auf ganze zwei. Ich habe die schönste Toilette der Welt. Ich lebe meinen Traum. Und da soll ich nicht glücklich sein?"

Zweitausendzweihundert Menschen hatten ebenfalls einen Traum. Nur etwas über siebenhundert überlebten ihn. Ich starte meine Vespa und fahre eigenen Abenteuern entgegen.

45

TIPPS

Landschaft und Natur

Hintergebirgsradweg:
Von Anzenbach bis ins Hintergebirge auf den Spuren der ehemaligen Waldbahn – Tunnel, Schlucht, Klettersteig und eine uralte Klause machen den Weg zum Erlebnis. Augen auf!

Wandern an der Grenze:
Brücken, Wasserrinnen, Schleusen, Steinwehre. Vom 18. bis tief ins 20. Jahrhundert hinein wurde Holz zur Großen Mühl getriftet, danach weiter ostwärts, in Richtung Donau. Entlang der Grenze, zwischen Oberösterreich und Tschechien, windet sich ein schöner Weg entlang des Schwarzenberg'schen Schwemmkanals in Richtung Wasserscheide. Muße rundum!

Wolfsschlucht:
Ein Natur- und Kulturwanderweg der Superlative. Infotafeln geben Auskunft über die Badeeinrichtungen der Region Bad Kreuzen. Am besten, man startet am Fuße der Schlucht, so erlebt man, begleitet von Wasserfällen, ihre volle Schönheit. Natur pur!

Rundwanderweg „Auf der Alm":
Von Windischgarsten aus führt der ideale Familienwanderweg über Laussabauernalm, Puglalm und Nationalpark-Aussichtspunkt, entlang vieler Einkehrmöglichkeiten, Info- und Quizstationen, die über Naturvielfalt und Artenreichtum der Hochwiesen erzählen. Gut Schritt!

Brot und Kunst

Paneum – Wunderkammer des Brotes, Kornspitzstraße 1, 4481 Asten

Kontrolle ist gut, Vertrauen besser." So begrüßt mich der Kunstsammler und Bäckermeister Peter Augendopler, dessen Kommandozentrale an der hübschen Adresse Kornspitzstraße I liegt, zwischen Autobahn und Kleingarten, wo Hasen und Hendln an Rosen und Rhabarber, Tannen und Thujen vorbei über die Gstätten flitzen. Genau dort liegt das Epizentrum eines weltumspannenden Imperiums mit geschätzten eintausend Mitarbeitern, in dessen Werkhallen (unter anderem) die Backmischung jenes legendären Weckerls gemixt wird, das es nicht nur in die Frühstücksdosen der Taferlklassler geschafft hat, sondern auch auf den Brotwagen von Sternerestaurants, auf die verschwitzten T-Shirts eines Linzer Fußballklubs und, unter dem Markennamen „Kornspitz", in den allgemeinen Sprachgebrauch. „Von etwa dreiundsechzig Gramm Lebendgewicht sind elf von mir", sagt der Schöpfer des unverwechselbaren Backwerks, dessen Brösel unter den Esstischen von dreiundsiebzig Ländern liegen. Elf Gramm machen den Unterschied zwischen einem konventionellen Weckerl und einem Meisterspitz aus –

jenes entscheidende „Gewusst-wie", das dem Produkt seine Unverwechselbarkeit gibt.

Gerüche prägen uns von Kindheit an: frisch geschnittenes Gras am Dorfanger, die dampfende Hinterlassenschaft in Nachbars Kuhstall, gerupfte Minze aus Großmutters Kräutergärtlein, ganz zu schweigen vom abgestandenen Turnsaalduft unseliger Bubeninternate. Unser sinnlichstes Organ ist und bleibt nun mal die Nase. Und die begleitet uns ein Leben lang. Das alles aber kann sich nicht messen mit dem wohl ultimativsten Geruch weltweit, dem Duft ofenfrischen Gebäcks!

„Meine Kindheit habe ich in der Backstube verbracht. Es gibt nichts, was ich über Brot nicht weiß. Obwohl, je älter ich werde, desto mehr wird mir bewusst, dass ich erst am Anfang stehe." Das sagt jemand, der unser kulinarisches Leben mit einem Produkt bereichert hat, das süchtig macht. In mir regt sich schon beim bloßen Gedanken an das Backwerk ein Pawlow'scher Reflex, der so lange anhält, bis der Spitz Geschichte ist. Was immer an Hauptspeise folgt, das Verlangen ist gestillt. „Ich bin halt mehr ein Beilagenesser", heißt es in Dorfer/Haders Jahrhundert-Theaterstück *Indien*. Dem schließe ich mich vollmundig an.

Ich stehe in der Empfangshalle des Paneum, einer Art Wunderkammer des Brotes, inmitten des Augendopler'schen Universums. Der Herr Chef reicht mir die Hand, mustert mich von oben bis unten und bittet mich, Platz zu nehmen. Der Raum verdunkelt sich. Zur Begrüßung gibt's einen Imagefilm nach Art des Hauses, der das Phänomen des Verlangens erklärt. Ich komme mir vor wie Käpt'n Kirk in der Kommandozentrale der USS *Enterprise*. Das Raumschiff, in dem ich mich befinde, besteht aus

Raumschiff USS *Enterprise* – vulgo *Paneum*

elfhundert Kubikmetern Beton, hundertfünfundzwanzig Tonnen Stahl, vierhundert Kubikmetern Brettsperrholz und sechzigtausend Holzbauschrauben, an seiner Außenhaut glänzen mehr als dreitausend Edelstahlschindeln. Noch während des Abspanns steht der Mann, der (bis auf die Ohren) dem Ersten Offizier Lt. Cmdr. Spock gleicht, neben mir: „Kommen Sie!"

Das Gebäude lebt von Gegensätzen. Betrachtet man das glitzernde Riesenlaberl von außen, gleicht es tatsächlich einem intergalaktischen Gefährt. Der Innenraum ist raffinierter, als man denkt, spielerisch kontrastiert seine ovale Form mit dem quadratischen Sockel der Eingangshalle. Hier scheint die Einheit von Raum und Welt erfüllt. Stahl geht in Holz über, Linien beginnen zu tanzen, und die Zeit, die vergisst man ohnehin. Die Quadratur des Kreises überwindet jede physikalische Grenze, schwebende Leichtigkeit ersetzt Erdenschwere.

Bäckerstolz

Wir steigen die riesige Freitreppe des Star-Trek-Universums hinauf, und ich denke an den Schwung einer kunstvoll drapierten Stoffbahn aus der Kollektion des Hauses Yves Saint Laurent. Herausragende Architektur hat mich immer schon fasziniert.

„Glauben Sie's oder glauben Sie's nicht: Die fünfundvierzig Tonnen schwere Treppe wurde nach fertiger Montage vermessen. Die Realität differierte mit dem Entwurf um ganze drei Millimeter. Anders gesagt: Plan und Ausführung waren eins." Wir haben den Himmel erreicht. Meister Augendopler setzt sich hinter einen riesigen, roten Schreibtisch.

Das Wunderhaus mit dem Aussehen eines aus der Form geratenen Hamburgers ist das größte selbsttragende Gebäude der Welt.

„Achthundertachtzig Holzteile sind es."

„Einzelteile?", frage ich.

„Ja. Aber sie bilden eine Einheit."

„Kann man Wunder planen?"

„Man kann", sagt er. „Das Unmögliche ist mein Ding. Keiner der früheren Entwürfe hat mich überzeugt. Und eines Tages war es so weit. Ich riskierte das Undenkbare: Ich bat um einen Termin bei COOP HIMMELB(L)AU. Offensichtlich war dem Herrn Stararchitekten gerade ein Date ausgefallen, denn kurz nachdem ich in seinem Büro angerufen hatte, saß ich ihm schon gegenüber. Prof. Prix hielt einen Bleistift in der Hand. Ich erzählte ihm von meinem Leben. Seine Hand begann übers Papier zu gleiten. Linien, Quadrate, Kreise. Aus einer verwirrenden Skizze entstand ein unförmiges Ding. Dann legte er den Stift zur Seite. Der Entwurf war undurchschaubar mutig. Ich sagte: ‚Was immer Sie planen, ich sage zu allem Ja.' Gute Architektur berührt eine Metaebene, sie ist Form und Inhalt. Innerhalb kürzester Zeit nahm das Haus Form an", sagt Spock, erhebt sich und geht hinüber zu den Vitrinen. Ziemlich genau zwei Jahre nachdem der Architekturguru zu zeichnen begann, landete das Wolkenschiff auf der Erde.

„Wenn ich es schaffe, dass meine Besucher nur ein paar Sekunden über das Produkt Brot nachdenken, habe ich alles erreicht."

Ich verspreche nachzudenken.

Vor etwa vierzigtausend Jahren verarbeiteten Oma und Opa Vorfahre Hafer und Gerste zu Mehl. Im Nordirak entdeckte man diesbezügliche Spuren, in Süditalien fanden sich Reste von „Gräserstärke" am Boden von Tongefäßen, und im Nahen Osten klebten Weizenkornpartikel an sichelartigen Geräten. Der älteste Fund ungesäuerten Brotes aber wurde in Jordanien nachgewiesen. Ein paar Tausend

Jahre später begann Familie Neandertaler mit dem Anbau von Getreide. Spätestens mit der Entwicklung des Backofens und der Teigzugabe von Gärstoff war Brot als Grundnahrungsmittel in aller Munde. Die Ägypter waren die ersten professionellen Bäcker, sie kultivierten und verfeinerten die Hefe, sie verbesserten die Öfen. Von ihnen bis zu den „alten" Griechen und Römern war es dann nicht mehr weit. Irgendwann legte man auf fein gemahlenes Mehl wert, also liefen Mensch und Tier im Kreis. „Steinmühle" war das Wort des Jahres. Bauern und Bäcker bildeten eine Schicksalsgemeinschaft. Der Erfolg des einen ergab den Ertrag des anderen. Gerste, Reis, Weizen, Mais – rund um den Globus wurde gesät, geerntet und gemahlen.

Im Paneum erzählt man die Geschichte dieser Entwicklung nach – auf eine sehr eigene Art. Der Jäger und Sammler Augendopler fühlt sich dem Bewahren von Wissen verpflichtet. In seinem Museum lagern Zeugnisse verschiedenster Kulturen. Buchstäblich alles, was mit Brot in Zusammenhang steht, landet hier hinter Glas. Der Vater des Kornspitzes hat sich längst aus dem operativen Bereich seines Konzerns zurückgezogen. „Ich habe alles getan, um mich entbehrlich zu machen. Heute entscheiden andere. Das Wichtigste aber: Ich vertraue ihnen." Seither ist es dem professionellen Sammler gelungen, das bedeutendste Backwerkmuseum der Welt mit Kunst zu befüllen. Was immer im Kontext „Brot und Gebäck" geschaffen wurde, aus Porzellan, Glas, Metall oder Holz, sei es Skulptur oder Malerei, Herr Augendopler kauft und stellt es aus. Seit Neuestem prangt sogar ein Riesenweckerl aus Granit, geschaffen von Starskulpteur Erwin Wurm, vor dem Astener Firmensitz. Auch im Inneren des Universums lagern Schätze: von der ägyptischen „Kornmumie" bis zum Meissener Porzellan, vom peruanischen Totempfahl aus Stachelpalmenholz („Maisgott" und „Erdmonster") bis zur chinesischen Semmel aus der Zeit des Boxeraufstandes. Das Paneum gleicht einer Schatztruhe, in der das „Wunderwerk Brot" in jeglicher Form und Art aus jeglicher Epoche dokumentiert ist. Der Besucher durchmisst in Siebenmeilenstiefeln die Kulturgeschichte des Backens. Das funkelnde Archiv längst vergangener Tage regt zum Denken und Träumen an.

Der Kleiespeier

Unermüdlich durchforstet der Visionär und Traumtänzer Peter Augendopler die Cyberwelt. Er besitzt mehr Kunstverstand als manch ein Studierter, hat doch die Welt des Entdeckens und Forschens längst in seiner Westentasche Platz. Bei den großen Kunstauktionen dieser Welt, sei es in Singapur, Rio oder New York, ist rund um die Uhr ein Plätzchen unter seinem Namen reserviert. Der Meistersammler hat selbst eines der größten Kunstwerke geschaffen, zu dem je ein Bäckermeister in der Lage war – den Kornspitz. Wenn das keine Kunst ist, dann weiß ich nicht, was Kunst ist. Wa(h)re Kunst. Und das, liebe Leute, das zählt allemal.

Ratgöbluckn oder die Angst vor kleinen Räumen

**Erdstall Ratgöbluckn,
Stephaniehain, 4320 Perg im Mühlviertel**

E rdstall – ein von Menschenhand geschaffenes unter-irdisches, nicht ausgemauertes Gangsystem." Eine Gstätten unter der Erde. Ich hänge in der Leitung. Mehrfach hatte ich es bereits versucht, zu jeder nur denkbaren Tageszeit – ohne Erfolg. Im Gemeindeamt des schmucken Städtchens Perg im Mühlviertel lässt man mich warten. Ämter sind so. Arztbesuch. Homeoffice. Bei Tisch. Die Auskunft ist wiederkehrend. Ein Klacken in der Leitung.

„Perg, Gemeindeamt?"

Ich nenne meinen Namen. Einmal muss es klappen, denke ich.

„Was wollen Sie?" ... tü tü tü ...

„Hallo? Ist dort das ...“

„Bitte warten Sie!“

Ich warte. Klick. Die Leitung ist erneut tot. Nächster Versuch.

„Perg, Gemeindeamt?“

„Erdstall“, sage ich.

„Nein.“

„Was heißt Nein?“

„Moment ...“

Seit Tagen geht das so. Offensichtlich ist man am entgegengesetzten Ende des Begehrs anderer Meinung. Für heute gebe ich auf.

Nächster Tag. Es läutet.

„Perg, Gemeindeamt?“

„Guten Tag“, sage ich.

„San Sie der Herr, der in den Stall will?“

Ich sage: „Der bin ich.“

„Wann wollen S’ denn kommen?“

„Nächste Woche, wenn es recht ist.“

„Ziehen Sie sich warm an. Es ist kalt dort ...“ Klick.

Allein die Vorstellung, eine unterirdische Welt zu betreten, mich durch enge Gänge zu zwängen, versetzte mich zeitweilig in Panik. Angst vor kleinen Räumen. Meine Psychose ging so weit, dass ich bereits lange vor dem tatsächlichen Ereignis Erwartungsängste produzierte. Panikattacke I. Angst, ausgeliefert zu sein. Angst, in bestimmten Situationen unkontrolliert zu reagieren. Übelkeit, Schwindel, Herzrasen. Die Angst vor der Angst. Panikattacke II.

Ich bin gespannt, was die „Sache“ diesmal mit mir macht. Angst ist unkontrollierbar. Ich habe einiges hinter mir: Flugreisen, Kirchenräume, Höhlen. Immer wieder

Der Eingang zum Erdstall

überschritt ich Grenzen. Warum zieht mich Unüberwindliches an? Wem muss ich etwas beweisen? Oft sagte ich: „Kein Problem, ich bin schon erwachsen." Ein mulmiges Gefühl blieb doch.

Der Erdstall Ratgöbluckn ist ein weitverzweigtes Stollengeflecht. Gesamtlänge: hundertsechs Meter. Zweiundzwanzig Abschnitte. Herzrasen. Röhren verbinden acht Kammern. Sitznischen. Lichthöhlen. Die Gänge sind steil ansteigend, sodass zwischen Eingang und höchstem Punkt ein angsteinflößender Niveauunterschied besteht. Ich habe es wohlweislich recherchiert. Angst. Nachher wird mir wohler sein.

„Wir treffen uns beim Brunnen!" Ich bin pünktlich. „Fahren S' mir nach." Worauf habe ich mich da eingelassen? Ich fahre nach. Der Herr kommt vom hiesigen Kulturverein und ist abkommandiert, Reisende in die Unterwelt zu begleiten. Bei einer scharfen Rechtskurve hält er an.

56

Spitze Felswände ragen in die Höhe. Der bloße Anblick macht mich schon nervös.

„Kommen S'!"

Wir gehen einen Hohlweg aufwärts. Benannt ist er nach Prinzessin Stephanie von Belgien, Gemahlin des Kronprinzen Rudolf (Stichwort: Mayerling). Ein Omen?

„Sie ist nie hier gewesen. Weshalb, weiß kein Mensch."

„Sie hatte recht", denke ich. Die Promenade hat man in vorauseilendem Gehorsam nach ihr benannt. Im Gemeindeamt waren sie immer schon eigen, in Perg im Mühlviertel. Wir halten bei einem Gittertor, das gerade hoch genug ist, um gebückt hindurchzuschlüpfen. Oh mein Gott.

„Sind Sie warm angezogen?"

Bin ich.

„Vor Millionen Jahren wären wir hier zweihundertfünfzig Meter unter Wasser gewesen. Tertiärmeer. Schon gehört?"

Unter Wasser? Davon wusste ich nichts. Panikattacke III. Die Gegend ist voll von unheimlichen Geschichten. Vierzig Meter lange Haifische schwammen hier herum, Seekühe, deren Rippenbögen so hoch sind, dass sie kaum Platz im Stadtmuseum haben. Überhaupt sollte man hier, in Perg im Mühlviertel, die Augen offen halten. Hier geht der Leibhaftige um. Zaubermittel für oder gegen das Böse bietet man in den Läden an. Und erst die Weiße Frau – die schleicht immer noch durch die nahe gelegene Burgruine Windegg.

Jede Menge Sand wurde hier abgelagert, der zu Stein wurde. Vor Tausenden von Jahren haben sie hier schon gebuddelt. Gänge, Höhlen, Kammern. Perg wurde regelrecht unterhöhlt. Die Menschen haben sich vor einfallenden

57

Im Unbewussten

Horden in Sicherheit gebracht. Früher hat man sie Vagabunden genannt.

„Das Blut im Ort floss in Strömen. Kreuzritter. Sie haben geplündert, gemordet, geschändet. Da drinnen haben sich die Leut' vor ihnen versteckt. Wollen Sie wirklich rein?"

„Ich bin schon erwachsen", sage ich. Und warm angezogen bin ich auch.

Wir tauchen ein in das unterirdische Labyrinth. Der Alte vom Kulturverein zückt eine Grubenlampe, für den Fall, dass das Licht ausgeht. Panikattacke ... Nein, ich halte durch. Drinnen ist es saukalt. Ein mulmiges Gefühl schnürt meine Brust ein. Fühlt sich an wie ein Stahlband. Warum habe ich mich bloß darauf eingelassen? Der Lichtstrahl verzerrt Felsvorsprünge zu hämischen Fratzen. Zerrbilder. Wir dringen ein. Anderswelt. Dantes Vorstellung vom Ende der Welt: Das Innere des Kerns gleicht einem Labyrinth, das in konzentrischen Kreisen direkt in Richtung Inferno führt. Je schmäler die Gänge werden, umso deutlicher höre ich das Stöhnen der Gepeinigten. Weiter vorne, dort, wo die Finsternis vom Hauch meines Atems zerschnitten wird, bekomme ich wirklich Angst. Solche verfluchten Orte sind für mich Überlebenstraining pur. Ich kämpfe mich durch gewundene Gänge zurück. Um mich abzulenken, schieße ich ein paar Fotos. Der Blitz meiner Kamera zerreißt die Unterwelt wie ein Feuerstrahl aus dem Maul frühzeitlicher Monster.

So schwierig es war, hierherzugelangen, so gerne verlasse ich den Erdstall wieder. Was für eine Wohltat, in die Welt hinauszutreten, und sei's auch nur in die von Perg im Mühlviertel, und den Stephaniehain bergabzuklettern. Nichts wie weg. Der Erdstall Ratgöbluckn hat mir einiges abverlangt. Weiße Frauen, Haifische, Seekühe. Gewiss kann man dies alles auch von einer harmloseren Seite aus sehen. Ich aber habe den Trip als eine Reise zu längst überwunden geglaubten Ängsten erlebt.

„Empfehlen Sie uns weiter!", ruft mir mein Begleiter nach.

„Das tue ich!", rufe ich zurück. Und das tue ich hiermit. Nur eine Bitte habe ich an die Damen und Herren Leser: Ziehen Sie sich warm an! Sie werden es brauchen.

59

Ein Haus für Dilettanten

Stadttheater Grein, Stadtplatz 7, 4360 Grein

In seinem „Vorspiel auf dem Theater" in *Faust* zeigt Johann Wolfgang von Goethe das Dilemma auf, sowohl Kunst zu „machen" als auch der Notwendigkeit zu entsprechen, Theater als ein wirtschaftliches Unternehmen zu führen. Ein Theaterdirektor hatte es schon damals schwer, in seiner Brust bekriegen sich drei Seelen: Künstler, Manager und – Psychologe, der seine Schauspieler zum Erfolg führen will.

Als Schauspieldirektor war ich mehr als zehn Jahre meines Lebens ein Zerrissener – so wie alle meine Kollegen im In- und Ausland, die „alten" Griechen und die „jungen" Wilden, Molière, Goldoni, Nestroy und ebenso wie der jeweils aktuelle Herr Burgtheaterdirektor. Das Gemetzel ums Geld war immer schon eine Posse ohne Gesang. Denn wenn es darum geht, Kunst zu machen, also wahrhaftig zu sein, dann „spielt's in der Regel ka Musi" mehr, dann endet oft die Freundschaft der Politiker und das Verständnis des steuerzahlenden Publikums sowieso.

Dilettantenhaus Grein

„Nicht lügen" ist aber nun mal die Grundlage der Kunst, und da das alles Geld kostet, gibt's auch die Wahrheit nicht gratis. Dem Theater allerdings kommt dies oft nur allzu teuer zu stehen.

Um die Existenz meines Betriebes beziehungsweise jene meiner Mitarbeiterinnen und Mitarbeiter zu sichern, geriet ich bald schon in eine Doppelmühle: Obwohl meine Künstlerseele nicht primär am Geld hing, sondern an der Kunst, war ich doch vom Gemeindesäckel abhängig. Müssten die Theater ausschließlich von der Abendkassa leben, wären die Karten unbezahlbar. Um den Menschen den Zugang zur Kunst zu ermöglichen, steuerten früher Mäzene, heute Bund oder Stadt, überlebensnotwendige Subventionen bei, die in der Regel die Gehälter und Fixkosten eines Jahres abdecken. Das Spiel auf der Bühne aber müssen sich die Damen und Herren Direktoren über den Kartenerlös verdienen. Sie sind dabei auf die demokratischste aller Abstimmungen angewiesen – jene mit den Füßen:

61

Der alte Saal

Je mehr Menschen sich vor dem Kassahäuschen drängen, desto riskantere Stücke lassen sich finanzieren. Populäres ermöglicht das Experiment, womit nicht gesagt ist, dass sich nicht auch das Experiment rechnen kann. Das in sich widersprüchliche Wesen jeder Kunstform besteht darin, dass sie nur dann als Kunst wahrgenommen wird, wenn sie das rettende Ufer der Öffentlichkeit erreicht. Das Parkett der Finanzierung aber war immer schon glatt – auch gegen Ende des 18. Jahrhunderts in einem kleinen Örtlein an der Donau, in Grein.

Ich stehe vor einem schmucken Haus in bester Lage: Stadtplatz 7. Theater und Rathaus sind im selben Haus untergebracht. Wer hätte das gedacht: Politik und Kunst unter einem Dach? In Griffnähe: ein Gasthof, eine Konditorei, ein Modegeschäft und die Sparkasse. 1791 wurde das Greiner Theater von Bürgern für Bürger gebaut. Und bespielt. Nicht nur die Mitglieder der örtlichen

62

„Dilettantengesellschaft" waren von der neuen sozialen Einrichtung der Stadt begeistert, auch ihr Publikum. Die Laienspieler hatten lange schon nach einem passenden Ort für ihre Aufführungen gesucht, und so war ihre Begehrlichkeit auf den örtlichen Getreidespeicher gefallen. Der zuständige Ratsherr, ein geschäftstüchtiger Fuchs, fasste den folgenschweren Beschluss, dass „der Troatkasten auf dem hiesigen Rathaus füglich und mit nicht grossen Unkösten zu einem Theater umgeschafft werden könne, wodurch nicht allein dem hiesigen armen Institut als auch der ganzen Bürgerschaft aller Nutzen zugeführt werden kann, da bereits durch wenige Jahre derselben und dem Institute bey 1100 Gulden zugeflossen, auch eine schöne Garderobe davon bereits angeschafft worden. Die wenigen Unkosten könnte die Stadt und dem Armen Institute nach und nach aus den eingehenden Komediengeldern zurück ersetzt werden."

Der Antrag wurde nicht kulturpolitisch begründet, aber ökonomisch argumentiert. Kultur war, wir wissen es, den zuständigen Beamtenköpfen immer schon willkommen, solange sie sich „auszahlt". Die Greiner Dilettanten ließen sich's gefallen. Sie gingen allesamt bürgerlichen Berufen nach und waren somit auf Nebeneinnahmen nicht angewiesen. Das Exempel aber war statuiert, hier und anderswo: Kultur hing fortan am Zipfel des Rocks, am Tropf des Topfs.

Das älteste erhaltene bürgerliche Theater Österreichs wird noch heute bespielt. Aber hallo! In der Hauptsache nach wie vor von Laienspielern – zur Freude des Publikums und des Stadtsäckels. Der historische Zuschauerraum ist in hohem Maße sehenswert, gibt er doch Kunde von der

63

Unvergänglichkeit des Phänomens Theater. Ein paar Schmankerln gefällig?

Um Geschäftliches zu erledigen, muss niemand den Zuschauerraum verlassen, im Gegenteil, der Bedürftige kann ungestört dem weiteren Verlauf der Handlung beiwohnen, befindet sich doch das Plumpsklosett auch heute noch hinter einem Samtvorhang an der linken Seite des Zuschauerraums. Ungestört? Ob man das auch von den übrigen Zusehern behaupten kann, ist eine andere Frage.

In den ersten Reihen des Theaterchens befinden sich die Sperrsitze, eine privilegierte Form des Abosystems. Betuchte erwerben einen Schlüssel, der einen hochklappbaren Sitz versperrt, sodass kein anderer Zuschauer den Platz für sich beanspruchen kann. Der Theaterstuhl geht für die Zeit des Abonnements ins „Benutzungsrecht" des Besuchers über. Eine rustikale Finanzierungsidee!

Zu Zeiten der Theatergründung kam dem Ratsherrn Franz Dörr, Kulturbeauftragter der kleinen Handelsstadt, noch ein weiteres Gustostückerl in den Sinn. Da sich im nunmehr umfunktionierten Getreidespeicher gleichzeitig auch der Gemeindekotter befand, ließ der hohe Herr ein Guckfenster in die Sammelzelle der Arrestanten einbauen, durch welches bildungsbeflissene Häftlinge den Vorstellungen von einer Art Seitenloge aus beiwohnen konnten. Der Blick war zwar „gesiebt", jedoch ohne Hörbeeinträchtigung. Anfangs funktionierte die Umsetzung des einzigartigen Volksbildungsauftrages noch ohne Probleme. Da jedoch die Qualität der Knastverpflegung im Laufe der Zeit zu wünschen übrig ließ, begannen die Häfenbrüder just an den spannendsten Stellen der Aufführung gegen die Gitterstäbe zu klopfen, um solcherart auf ihre Notlage aufmerksam zu machen. Ab sofort kamen die Zuseher mit Lunchpaketen ins Theater, die sie den Gefangenen heimlich zusteckten. So konnten die Aufführungen wieder weitgehend ungestört ablaufen, sah man von den Kaugeräuschen der Spezialabonnenten ab. Generationen von Schülern war seitdem so manch wertvolles Stück Literatur weniger als hochwertiger Kunstgenuss bekannt denn als Abfolge von Verzehrlauten (aus der Loge) und von deren Gegenteil (aus Richtung Samtvorhang).

Meine These vom Theater als geistigem Grundnahrungsmittel wurde vom Greiner Stadttheater schon früh in die Praxis umgesetzt – und sogar durch eine interessante Variante erweitert: um die des „geistigen Verdauungseffektes".

Ob eine der Hochwohlgeborenen hiesiger Schauspielkunst, Dame Paula Wessely, von der sie umgebenden Greiner „Gefahr" wusste? Wohl kaum, hätte sie doch sonst gewiss nicht ausgerechnet hier gastiert. 1929 stand sie gemeinsam mit Hans Jaray in dem Stück *Kopf oder Schrift* von Louis Verneuil auf den Theaterbrettern. Der Auftritt ist heute noch mit Stolz in den Annalen vermerkt, barg der Wessely-Abend doch noch eine andere kulturhistorische Besonderheit: Häftlinge wie Defäkierende wurden an diesem Abend mit Hausverbot belegt. Und da sage noch einer, ein Direktor sorge sich nicht um sein Publikum – und seine Protagonisten!

In aller Munde

Knödelwerkstatt Dilly,
Hauptstraße 12, 4581 Rosenau am Hengstpass

Seine Statur gleicht der einer Knospe. Im Althochdeutschen wurde es Klōz genannt oder Chnodo, später Klumpen und Knolle, auf Platt Klüten, im Fränkischen Kließ, Glües oder Gniedla, bei den Schwaben Gleeß und bei den Pfälzern Knopp. Die Südländer hießen das Ding Canederli, die Franzosen Quenelle, die Ostdeutschen Klops und die Tschechen Knedlík. Kein anderes de facto Grundnahrungsmittel verbarg sich hinter mannigfaltigerer etymologischer Begrifflichkeit als ebendieses, der Knödel. Vom Mühlviertel bis über den Brenner erfreuen sich die Möpse nachhaltiger Beliebtheit: Die Rezepte der runden Dinger sind seit Jahrhunderten gleich, nur der Artikel wechselt von Region zu Region. Seit Uromas Zeiten befinden sie sich auf heimischen Speisekarten. Süß oder pikant, Marillen-, Gummi-, Semmel- oder Mohnknödel, vom Aschkloß in Thüringen bis zum Kroppkaka in Gotland – die Varianten des pausbäckigen Gesellen nehmen kein Ende: Klopse, Saumaisen, Buletten, Fleischpflanzerl, Blut- oder Wickelklöße. Sogar die am Pessachfest von den aschkenasischen Juden verzehrten Knaidlech gehören der nämlichen Familie an. Die runde Gottesgabe war und ist im wahrsten Sinne des Wortes in jedem Magen und in aller Munde.

Das war schon damals so, als unsere Vorfahren im Altneolithikum das Rad erfanden, Kupfer schmiedeten oder im fernen China Reis anbauten. Zur gleichen Zeit begab es sich in unseren Breiten, dass Frau Wilma ihrem Fred zur Jause einen besonderen Leckerbissen mitgab. Der besseren Haltbarkeit wegen formte sie den Teig aus Wasser und Mehl zu einer Kugel – der allererste Steinzeitknödel ward gerollt. Er wurde zum Renner und seiner Beliebtheit wegen den Göttern geopfert. Später dann, in mittelalterlichen Dorfschenken, entwickelte er sich endgültig zur identitätsstiftenden Mahlzeit. Daran sollte sich bis heute nichts ändern: Spätestens seit sich „regional" auf „bio" reimt, gilt der Knödel als das Lieblingsgericht der Neuzeit. Die Tiefkühlregale der Nahversorgerketten platzen aus den Nähten, das Sortiment ist riesig, und die Damen und Herren Knödeldreher haben zu jeder Saison Saison.

Obwohl die Inn- und Mühlviertler die Wiege des Urknödels im Inn- und Mühlviertel vermuten, beweist die Wissenschaftliche Akademie der österreichischen Beilagenforschung deutlich mehr Weitblick. Sie nämlich verortet den Ursprung der europäischen Knödelgemeinschaft in der Basisküche Böhmens, Mährens und Ungarns sowie in jener der „Gefürsteten Grafschaften Görz und Tirol", in Ober- und Niederschlesien, Galizien, Podolien, im Westen der Ukraine und im Nordosten Moldaus, bis hin zu den südosteuropäischen Tellerverbänden. Ob in der Suppe oder am Braten, als Vor-, Haupt- oder Nachspeise, gewälzt in Mohn, Butter oder Bröseln, in den Hälsen der Monarchie

67

Der Herr der Knödel

knödelte es ordentlich. Überall wurde gefüllt und gekocht, ob mit oder ohne Grammeln, Haschee, Speck, Zwetschken, Erdbeeren oder Nougat, am Kloß erwies sich Können und Kreativität der k. k. Köche.

Einer der Pioniere der zeitgenössischen Knödelküche ist der geborene Gastronom Werner Dilly. Über Stock und Stein führt mich die wilde Jagd hügelauf, hügelab, über endlose Highways, bis dass der Pyhrnpass das Tote Gebirge von den Ennstaler Alpen trennt. Kurz davor wende ich mich gen Osten und mache erst halt, als ich das Ortsschild „Rosenau am Hengstpass" passiere. Dort angekommen, steige ich bei einem vorwitzig in die Straße auskragenden Gebäude von meinem roten Gefährt. Wie von Geisterhand steht das Mensch gewordene Aushängeschild oberösterreichischer Gastlichkeit vor mir. Hinter ihm klafft die Tür zu einer der renommiertesten Adressen regionaler Essmanufakturen weit offen. Hier, in der kleinen, aber feinen Werkstatt des Knödelmachers, wurden im letzten Jahr, glaub's oder glaub's nicht, über eine Million Knödel gedreht, gewendet und schockgefroren.

Ich frage: „Wo bitte stehen die Maschinen, die das alles bewerkstelligen?"

Herr Dilly streckt mir die Hände entgegen: „Hier – und die meiner drei Mitarbeiterinnen."

Er läuft einen Gang bis zu dessen Ende, biegt nach links in ein winziges Stübchen und setzt sich an einen Schreibtisch, so klein, als wäre ich Gast bei Schlumpf & Co.

„Setzen Sie sich!" Er deutet auf einen Hocker in der Größe eines Melkschemels und sagt, als erriete er meine Gedanken: „Größer brauch' ich's ja nicht. Es muss nur der PC reinpassen."

Das Kontor misst zwei mal zwei Meter, die Werkstatt das Zehnfache, nicht einmal die Kühle ist üppiger. Nie hätte ich gedacht, dass einer der ersten Betriebe in Sachen Knödelkunst in einer Schlumpfstube Platz hat.

„Erst hab i in Windischgarsten, Edelbach und Hinterstoder 'kocht, dann hab i in der Lebensmittelindustrie g'arbeit', später dann als Produktentwickler von Fertiggerichten", erzählt Herr Dilly, „... glücklich aber war i in all die Jahr' nicht. Warum auch?"

„Die Arbeit hat Ihnen keinen Spaß gemacht?", frage ich.

„Hat und hat nicht. Zuletzt hab i im Jaidhaus Knödel 'draht. Hunderttausend pro Jahr. Bis mir a Freund g'sagt hat, i soll mi selbstständig machen."

„Das ist alles?"

Herr Dilly blickt mich an. „Ja", sagt er, „das war alles. I hab's g'macht. Am ersten Jänner 2018 war's so weit. Drüben in der Werkstatt bin i g'standen und hab mein' ersten Knödel 'draht. Den ersten eigenen. Wissen S' was des für ein Gefühl war? Ich hab ma 'denkt, du wirst net lang alla bleib'n, mei Bua. Und dann hab i den zweiten g'macht. Und den dritten. Und dann is schon dahin'gangen."

Seit sechs Jahren macht er nichts anderes als Knödel drehen, der Herr Knödelmacher. Um vier in der Früh beginnt sein Tag. Um die Zeit kommen auch seine Mitarbeiterinnen.

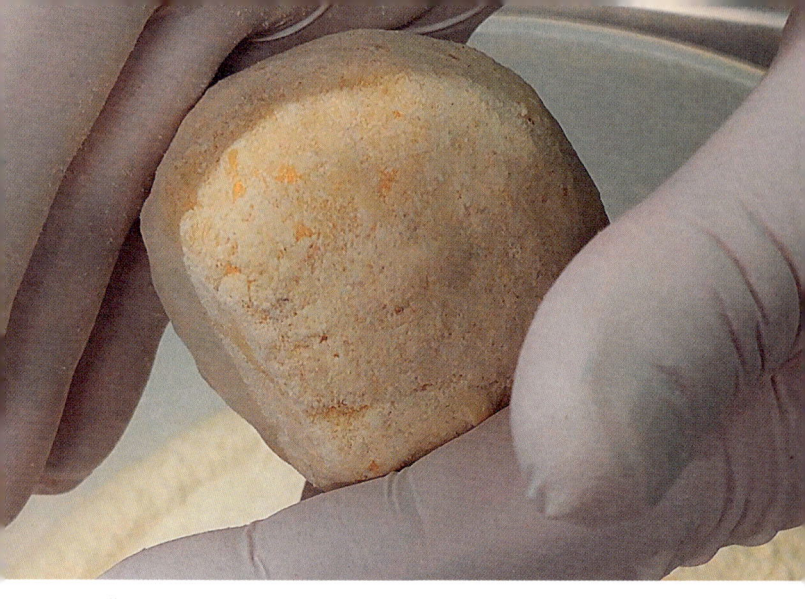

Rollator

Gemeinsam rollen sie dann auf Knödel komm raus, dass es dem Laien schwindelt und den Fachmann wundert – wie das nämlich alles zu schaffen ist. Sein Geschäftsgeheimnis: Das Vertriebsnetz liegt engmaschig über dem Land. „Dreihundert Kunden werden innerhalb kürzester Zeit beliefert ...", sagt er. „Dem Flughafen Wien hab i amal fünfzehntausend Stück ans Türl 'bracht. I hab nie erfahren, was die mit so vielen Marillenknödel g'macht haben."

Wir wechseln in die Werkstatt hinüber. Die Tische blitzen. Nirosta-World. Über allem liegt friedliche Ruh'.

„Wann beginnt eigentlich das Weihnachtsgeschäft?", frage ich.

Der Dilly nickt: „G'schäft mach i des ganze Jahr", lacht er und verschwindet im Kühlraum. Eine milchig-kalte Wolke umhüllt ihn und gibt ihn wieder frei. Er hält ein Tablett

70

mit tiefgekühlten schneeweißen Kugeln in Händen. Ich fotografiere.

„Weshalb heißt Ihre Tätigkeit eigentlich ‚drehen'?" Eine dümmere Frage hätte ich ihm nicht stellen können. Der Knödelgott sieht mich an wie ein beleidigter Mops.

„Bei dir muss i von ganz von vorn anfangen", sagt er und nimmt ein Stück Teig, knetet, formt, drückt und wendet, so schnell und so gründlich und immer und immer wieder, dass mir schwindlig wird – als wäre ich das Klöß-chen, das einer winzigen Weltkugel gleich um die eigene Achse rotiert. Dann hält er ein kugelrundes Etwas zwischen den Handmaschinen, wie ein Hendlbauer ein geschlüpftes Küken, und präsentiert mir das Ergebnis.

Und ehe ich michs versehe, läuft der Meister in die Knödelkühle und kommt mit dem kompletten Sortiment zurück. Einen Wagen nach dem anderen rollt er herbei, darauf liegen gezählte vierzig verschiedene Knödelsorten, fein säuberlich geschlichtet nach Farben. Vom gemeinen Selchfleischknödel über Bergkas-, Rauna- und Hanf-Nougat- bis zu Steinpilz-, Spinat- oder Kürbisknödeln, um nur eini-ge wenige zu nennen. Alle sind gleich groß, gleich schwer und makellos geformt.

„Heuer ham ma a Million 'draht, des san dreitausend Stück in der Stund', anders gesagt: alle vier Sekunden a Knödel."

„Kompliment", sage ich, „und wer isst das alles auf?"

„Der REWE. Und meine Privatkunden. Und des san net wenige. Und no was muss ma wissen: I hab praktisch kan Abfall, und wenn, dann is er bio. Von zehn Tonnen Erd-äpfeln, die ich pro Jahr verarbeit', bleiben nur die Schalen übrig, und die kriegen die Schweindln."

In aller Munde

„Win-win?"

„Win-win!" Er geht in sein Zwergenkontor und fährt den Zwergen-PC hoch. „Adresse?", ruft er mir über die Schulter zu, und ich gebe sie ihm. Dann verabschiede ich mich, wehmütig, denn ich hätte gerne in einen der tiefgekühlten Knödel gebissen, so appetitlich sehen sie aus. Ich besteige die Rote und ziehe meine Spur in Richtung der nächsten kulinarischen Entdeckung.

Zurück in Wien, steht ein Kühlwagen vor meinem Haus. Ein junger Bursche überreicht mir zwei Kartons nach Farben geordnete Selbstgedrehte. Und da sage noch einer, ich hätte nicht den schönsten Beruf der Welt. Doch, einer ist noch schöner, einfach, weil er in aller Munde ist – der des Dillydrehers Werner Knödel – äh ...

72

TIPPS

Ländliche Denkmäler

Mühlviertler Steinbloßhaus:
In der Gegend rund um Hirschbach, Neumarkt und Lasberg schmiegen sich wunderschöne Steinhäuser in die sanfte Hügellandschaft. Die alten Dreiseithöfe sind frisch herausgeputzt. Hin und weg! Quer durchs Mühlviertel.

Schlögener Schlinge:
Imposantes Naturschauspiel des Donaulaufs, dessen zweifache Kehrtwendung man am besten vom Aussichtspunkt am Ciconia-Weg aus betrachten kann: Schauen und staunen!
4083 Schlögen

Rinnende Mauer:
Die großflächig austretende Quelle in der Steyrschlucht bei Molln im Traunviertel ist eine fünfzig Meter lange Felswand, aus deren porösem Gestein aufgestautes Grundwasser als feiner Sprühvorhang austritt. Schwitzen und abkühlen!
4591 Molln

Eispaläste im Dachstein:
Wie in einer anderen Welt fühlt man sich in der spektakulären Landschaft der Eisriesenwelt, oberhalb des beschaulichen Obertraun. Die unterirdischen Höhlengletscher, Eisberge und Eiskapellen gehören zu den größten Naturwundern der Alpen. Frieren und wundern!
Dachstein Höhlenwelt,
Winkl 34, 4831 Obertraun

Ein schöner Laich

Alpenkaviar, Kniewas 26, 4571 Steyrling

Das Leben als Reisender besteht aus Eroberungsfeldzügen, faszinierenden Begegnungen und Abenteuern, die ich anlässlich der Erkundungsfahrten in meinen Rucksack packe, um sie später in schriftlicher oder mündlicher Form Interessierten häppchenweise zu servieren. Anlässlich des Gastrosophicums Eferding 2022, einem Symposion rund um das unerschöpfliche Thema des Genießens, wurde ich zum Rapport gebeten. Mit Genuss kennen sich Globetrotter aus. Das eine bedingt das andere. Der Titel des angefragten Vortrages lautete: „Kochen ist Liebe." Es hat sich, scheint's, herumgesprochen, dass ich kein Kostverächter bin und dass ich mich dem Fremden mit all meinen Sinnen annähere. Riechen, schmecken, fühlen – die goldenen Sinne liegen griffbereit und obenauf im Reisegepäck.

Schon im Alten Testament stand der Baum der Erkenntnis neben dem des Genusses. An ihm vergriff sich die erste und vermutlich letzte Frau, die der Rippe ihres Gemahls entsprang. Ihr sinnlicher Biss in den Apfel hatte

Konsequenzen. Vermutlich war sogar die Schlange schmähstad vor so viel Frechheit. Wer rechnete mit einem derartigen Benehmen, kaum dass die Welt erschaffen ward? Auch bezüglich Nahrung legte sich der Herr fest: „Siehe, ich gebe euch alles Gewächs, das Samen bildet auf der ganzen Erde (...) Euch sollen sie zur Nahrung dienen." Alttestamentarischer Frutarismus? Nach der Sintflut widerrief Gott sein Gebot, indem er ausgerechnet Vater Noah anwies: „Alles, was sich regt und lebt, sollt ihr verzehren." Nur bei den orthodoxen Juden blieb er diffus: „Alle Paarzeher dürft ihr essen, alle, außer Kamele, Klippdachse, Hasen und Wildschweine, bei den Meerestieren hat euch nur das zu schmecken, was Flossen und Schuppen trägt, beim Federvieh sind ausgewählte Flügeltiere wie Eulenarten, Störche oder Fledermäuse tabu, bei den Kleintieren jene mit Flügeln und vier Füßen." Ob das auch für Chinesen galt? Denn die, mit Verlaub, essen immer noch alles, was vier Beine hat – außer Tischen. Nahm es Gottes Sohn mit den Speisevorschriften auch so genau? Die Tafel nämlich, an der er sich mit seinen Kumpanen kurz vor seinem Tod ablichten ließ, war mehr als reichlich gedeckt.

In der Fremde lasse ich mich zunächst vom Geruch verführen, ehe ich kulinarisches Neuland betrete. Allein der Duft eines unbekannten Gewürzes löst bei mir Entzücken aus. Liegt es an der unstillbaren Sehnsucht, überrascht zu werden? Ich ziehe die Instinktküche der Experimentalgastronomie vor. Die Pullmankappe der Großmutter war mir immer schon lieber als die Haube eines Molekularkochs. Auf meinen Reisen durch die fernöstliche Welt saß ich zumeist in schlecht belüfteten Küchenräumen, darin ein Gaskocher und ein paar Blechtöpfe – aus Bulthaup'scher

Herr und Stör

Sicht frühes Mesozoikum. Fangfrische Meeresfrüchte und kurz angebratenes Gemüse lassen jedoch häufig das Können von Kochpäpsten westlicher Provenienz alt aussehen. Das Wissen um ein Rezept aber bedeutet keineswegs, das Gericht auch nachkochen zu können. Gefühl macht die Kunst der Kulinarik aus.

Anlässlich jenes Gastrosophicums wurde ich mit einer Geschmacksexplosion konfrontiert, die mein zukünftiges Leben nachhaltig verändern sollte. Eine schmucklose Dose lag vor mir auf dem Tisch, der eine nette Dame ein paar lachsrote Kügelchen entnahm, um sie auf meinem Handrücken zu platzieren. Ich ließ die Dinger auf der Zunge zergehen. Dem überirdischen Genuss folgte ein Schluck Edelschampus. Das übrige Angebot der Veranstaltung interessierte mich ab diesem Zeitpunkt nicht mehr. Ich geriet unter den Einfluss eines einzigartigen Geschmacks, den ein kleines Häufchen Störeier von „Alpenkaviar" in mir

76

ausgelöst hatte. Im Zuge meiner Recherchefahrten für das vorliegende Buch sollte ich erneut fündig werden.

Ich rollere durch die Ausläufer der romantischen Kalkalpen, als mich im kleinen Dorf Steyrling eine Schrifttafel anhalten lässt: „ALPENKAVIAR" steht darauf, darunter, etwas kleiner, „Feinster Störkaviar aus den Kalkalpen". Ich steige ab und parke mein rotes Gefährt. Ich komme keineswegs unangemeldet, im Gegenteil, die Terminfindung brauchte Zeit. Helmut Schlader, Herr über das Geschmackswunder aus heimischen Gewässern, ist ein weit gereister Mann. Sein Produkt steht nicht nur auf den Menükarten heimischer Edelgastronomen, es findet sich auch im Sortiment erstklassiger Fischanbieter von Deutschland bis Slowenien, von Portugal bis Südtirol – Tendenz steigend.

Herr Schlader bittet mich in den Verkostungstempel, je eine Dose „BAERI" und „OSIETRA" stehen schon bereit, dazu Blinis mit Frischkäse sowie ein Gläschen Champagner. Ich bin im siebenten Himmel. Zur Begrüßung stelle ich die Gretchenfrage: „Was bedeutet Ihnen Luxus?" Wann, wenn nicht jetzt?

„Zeit", lautet die prompte Antwort. Und während ich mich erneut von der Qualität des Angebotes überzeuge, erzählt der Herr Fischzüchter vom Aussetzen der Störbabys („Fingerlinge") in die Säuglingsstationen, vom Übersiedeln in größere Bottiche, in denen die Halbwüchsigen ihre Pubertät verbringen – später dann setzen sie ihr sorgloses Leben im klaren Wasser hiesiger Bäche und Flüsse fort. Das Heranwachsen der Fische verlangt dem Züchter einen langen Atem ab. Ganze zwölf Jahre kann es dauern, bis sich erster, zarter Rogen bildet, der später unter dem Namen

77

Alpenkaviar

Kaviar auf dem Handrücken genusssüchtiger Reisender landet. „Ein Jahr lang reifen die Eier im Bauch des Störs heran, dann entnehme ich sie, oder ich streife sie ab, je nachdem. Der Laich dient dem Verzehr oder der Aufzucht einer neuen Generation. Was sich nach Luxus anhört, ist in Wahrheit ein Naturprodukt, das extrem bearbeitungs-intensiv ist. Das erklärt seinen Preis."

Tatsächlich galt Kaviar einst als Armeleuteessen. Nicht nur in Russland, wo noch unter Katharina der Großen die Untertanen ihre Steuer in Form von Fischeiern abführ-ten. Auch hierzulande war der Stör inklusive Laich in aller Munde. Vom Schwarzen Meer bis nach Passau wanderten immer schon Generationen von Fischen donauaufwärts, um abzulaichen. Kaum ist das geschehen, lassen sich die Alten wieder in Richtung Salzwasser treiben, während die Jungtiere im flachen Quellwasser heranwachsen. Die

78

Wanderungen sind Teil ihres Fortpflanzungsverhaltens, muss doch der Laich im sandig-kiesigen Bereich des Wassers deponiert werden, der sowohl Schutz gewährt als auch die notwendige Sauerstoffzufuhr garantiert.

Herr Schlader kümmert sich um den Nachschlag. Der aristokratische Geschmack, in Begleitung edlen Schaumweines, versetzt mich erneut in Entzücken.

„Weshalb bedeutet Ihnen Zeit so viel?", frage ich und lasse mir das nächste Güpfchen Beluga-Eier auf der Zunge zergehen.

„Weil ich so wenig davon habe. Meine Arbeit füllt mein Leben vollständig aus. Zum Glück teile ich sie mit meiner Frau. Wir sind immer gemeinsam unterwegs. Deshalb schätze ich die Momente der Ruhe so sehr. Die Augenblicke."

Menschen mit einem Ziel vor der Nase fühle ich mich verwandt.

Schon als Kind fing Helmut Schlader seinen ersten Fisch. Die Liebe zur Natur und die Leidenschaft zu den Tieren wurden lange vor der Übernahme des landwirtschaftlichen Familienbetriebs geboren. Bevor er sich aber der Störaufzucht widmete, hat sich der studierte Betriebswirt am Parkett des internationalen Lebensmittelhandels, vornehmlich im osteuropäischen Raum, getummelt, ehe es ihn zurück in heimatliche Gewässer spülte. Die allererste Begegnung mit Stören und deren Produkt Kaviar erlebte er während eines Aufenthaltes in Rumänien. Fasziniert vom Geschmack des Rogens und im Wissen, dass Donau- und Wolgastöre immer seltener werden, reifte in ihm der Plan, den Fischen am elterlichen oberösterreichischen Hof eine Heimat zu geben. Spitzengastronomie,

Delikatessenhandel und die Klientel heimischer Gourmettempel liegen ihm seither zu Füßen.

Draußen bei den Teichen steigt mir der Champagner zu Kopf. Oder ist es die kristallklare Luft der Berge, die mir, dem Städter, einen Ozonschock verpasst? Wolkenloser Himmel. Drüben liegt der Hühnerzipf, weiter vorne der Keferspitz. Direkt vor mir gluckert das Planschbecken der Taferlklassler. Hier fällt es nicht schwer, dem Glück zu begegnen. Wie selbstverständlich der Meisterzüchter mit den Begriffen Genuss und Zeit umgeht, denke ich. In diesem Augenblick erscheint er in der Tür, hinter ihm seine hübsche portugiesische Frau.

„Welch ein Zufall", sage ich, „gerade komme ich von einer Reise nach Lissabon zurück." Und dann erzähle ich von meinen Erlebnissen in den engen Gassen der Alfama und den sehnsuchtsvollen portugiesischen Liedern. Erst jetzt bemerke ich, dass der Kaviarmann Fischerstiefel trägt. Er steigt in einen der Teiche, um sich ein Prachtexemplar zu greifen und für ein Erinnerungsfoto zu posieren.

„Wie isst man Kaviar eigentlich am besten?", frage ich.

Der Fisch schlägt um sich und taucht wieder im Teich unter. Herr Schlader packt erneut zu und hält den zappelnden Stör hoch. „Von der Haut in den Mund", sagte er und meint damit die Art und Weise, wie ich die kleinen roten Dinger damals wie jetzt genoss.

Der Kreis schließt sich. Ich verabschiede mich vom Meister des Augenblicks und denke, wie schön es doch ist, Leben zu züchten und das Leben anderer zu bereichern. Herr Schlader tut beides. Ich schwinge mich auf die Vespa und fahre einer neuen Begegnung entgegen, vielleicht sogar einem nächsten Augenblick. Hoffentlich.

Der Schwarze Graf

Oberösterreichisches Sensenschmiedemuseum, Gradenweg 9, 4563 Micheldorf

Unter Schmieden versteht man das Umformen von Metallen unter Zuhilfenahme von zumindest zwei Werkzeugen." Es ist nicht schwer, bei Bedarf eine fachgerechte Definition aus den Untiefen vorformulierten Wissens zu angeln, auch auf das Risiko hin, zwischen die Reißzähne wohlgetarnter Plagiatswölfe zu geraten. Dennoch: Man begegnet der Gefahr, als Dödel dazustehen, am besten dadurch, indem man sich vorinformiert, ehe man Fachkreise betritt. Nun also: Vor den Toren des Nationalparks Kalkalpen wurde gebogen, geformt und geschmiedet. Einstens, wohl gemerkt.

Alles begann damit, dass der fünfundzwanzigjährige Caspar Zeitlinger, Sohn des Sensenmachers Franz Seraphicus Zeitlinger und dessen Frau Seraphina Maria Theresia Zeitlinger, an einem streng kalten Novembertag des Jahres 1823 seine Peppi zur Frau nahm und damit nicht nur stolzer Ehemann, sondern auch Schwiegersohn des Brautvaters Carl Stainhuber, gleichfalls Sensengewerker,

81

Das heutige Museum

wurde. Ab diesem Tag gingen zwei der größten Sensenschmieden des Landes eine nachhaltige Liaison ein. Das Zeitlinger'sche Unternehmen entwickelte sich dank kluger Heiratspolitik, technischer Innovation und der Geschäftstüchtigkeit des neuen Juniorchefs zu einem der größten seiner Zeit. Die Sensen verkauften sich in alle Welt. Zweihunderttausend Stück pro Jahr. Um 1840 explodierte das Unternehmen ob der Qualität seiner Erzeugnisse zur bedeutendsten Sensenfabrik des Landes.

Martin Osen, Ururururenkel des großen Caspar, eines der „Schwarzen Grafen" des 18. Jahrhunderts (wie die einstigen Sensenbarone heute noch voller Respekt genannt werden), wartet themengemäß vor dem Gasthaus *Zum Schwarzen Grafen* in den Suburbs von Micheldorf, inmitten des (wo schon?) Sengsengebirges. Ich möchte mehr über Aufstieg und Niedergang der Eisen verarbeitenden Zunft erfahren, immerhin stand genau hier die Wiege des eleganten Produktes.

Vor uns befindet sich das Cape Canaveral der Sensenmacherei, das frühere Firmengelände derer von Zeitlinger. Eine Vielzahl historischer Gebäude, Herrenhäuser und Fabrikshallen liegt diesseits und jenseits eines fröhlich vor sich hin glucksenden Bächleins. Hier in Micheldorf waren

Die Belegschaft

nicht weniger als zwölf Werke des gleichen Gewerbes ansässig. Warum gerade hier?

Herr Osen lacht: „Dieser kleine Bach reichte, um die Hämmer in Bewegung zu halten. Der Lärm war mörderisch." Sagt's und setzt einen der massigen Schlegel in Bewegung. Wir stehen inzwischen in dem lang gestreckten ehemaligen Maschinenraum, dem heutigen Museum. Ein ohrenbetäubendes Dröhnen lässt die uralten Wände erzittern. Ich fühle mich ins Zentrum des intergalaktischen Urkerns zurückversetzt. Der Mann legt abermals einen Wandschalter um. Noch mehr Höllenlärm holt mich ins Jetzt zurück. Über die Arbeitsbedingungen von damals staunen heute Busladungen von reisewütigen Senioren und zwangsverpflichteten Volksschülern.

„Die Arbeiter haben das bis zu achtzehn Stunden am Tag ertragen", schreit Herr Osen, „hammerderisch waren

Die Schwarzen Grafen

s' zuletzt. Und g'schwitzt haben sie. Der Stahl musste ja erhitzt werden."

„Woher kam das Brennholz?", brülle ich zurück.

„Aus dem Wald. Meine Familie hat ein paar Tausend Hektar besessen. Mit der Zeit aber war alles verheizt. In der ganzen Erzbergregion. Die Öfen kühlten aus. Die Folge war: Schluss mit Sense."

Wir gehen nach draußen. Die plötzliche Stille empfinde ich wie eine Erlösung. Mein Guide deutet dahin, dorthin, nach drüben und rundherum. „So weit Sie sehen können, standen die Fabriken. Überall. Dort war ein Werk, da hinten waren zwei. Ururururopa Caspar war der Kaiser. Eine einzige Klopferei. Herrlich!"

„Solange das Holz reichte", sage ich, und der Nachfahre nickt.

84

Wer viel hat, der viel gibt. Das alte Wohltäterwort war bei Caspar Zeitlinger in guten Händen. Angeblich hat er jährlich an seinem Geburtstag, auf einem Einspänner stehend, Unmengen von Silberzwanzigern in die Menge geworfen. Darüber hinaus war er Gründer und Wohltäter des Linzer Blindeninstituts, Mitbegründer und Finanzier des ältesten Blasmusikvereins des Landes, und aus dem riesigen Teich inmitten des Fabriksgeländes machte er eine öffentliche Schwimmschule samt Badeanstalt. Der erste Bürgermeister Micheldorfs, Caspar Zeitlinger, sorgte für seine Schäfchen. Die Wohlfahrt war immer schon ein reziprokes Gewerbe. Je besser es den Mitarbeitern ging, desto lieber standen sie dem Herrn zu Diensten.

Bis zu zehn Millionen Sensen von zwölf Schmieden in Micheldorf gingen pro Jahr vom Sengsengebirge aus in die Welt und machten die „Grafen" reich. Vorerst kümmerten sich Mittelsmänner um den Verkauf, später machten es die Produzenten selbst.

„Der Alte ist bis nach Sibirien gefahren, um seine Sensen zu verkaufen." Herr Osen öffnet eine Tür, und ich betrete das Allerheiligste, das Herrenhaus. Ölgemälde, Tafelsilber, kostbare Intarsien, feinste Möbelage – großbürgerliche Biedermeierträume. Ich studiere Schriftstücke, Faksimiles, Briefe.

„Die Grafen haben sich als ‚Werter Herr Vetter' angesprochen."

Ich sage: „Sie haben nicht nur Geld gehabt, sondern auch Stil."

„Umgekehrt", sagt Herr Osen, „der Caspar Zeitlinger war zeit seines Lebens ein liberaler Ehrenmann. Einmal hat er den Kossuth Lajos, den ungarischen Revolutionsführer, anlässlich einer Wirtshausdebatte hochleben lassen. Das hat ihm nicht nur Freunde eingebracht. Aber er ist dazu gestanden."

Ich betrachte den Kelch mit Hostie, das Hammerzeichen des Werkes, das hier überall, beweglich oder unbeweglich, eingebrannt ist, befühle den Zahltisch, auf dessen Steinplatte mit klingender Münze der Lohn ausbezahlt wurde, staune über die unzähligen Gemälde des Vorarlberger Kunstmalers Franz Xaver Bobleter, der fünfzehn Jahre lang im Haus des Chefs Quartier genommen hatte, um sein umfassendes Schaffen der Familie Zeitlinger zur Verfügung zu stellen, begrüße den guten alten Caspar und verneige mich vor seinem beachtlichen Lebenswerk. Er hat viel zustande gebracht, der wohltätige Herr Industrielle, der hemdsärmelige Genosse Arbeitgeber, der fortschrittliche Konservative, der „Schwarze Graf" von Micheldorf, der nicht nur schwarz, sondern tief im Herzen sogar ziemlich rot war, jedenfalls eine in sich ruhende, Mensch gewordene Contradictio in se, ein Widerspruch in sich.

Dann verabschiede ich mich von dem Herrn Ururururenkel, der hier, Chapeau, ein riesiges Museum gebaut hat, zur Ehre und zum Angedenken an den letzten großen Sensenmacher, den Industriellen und Wohltäter C Punkt Zeitlinger. Womit bewiesen ist, dass Gesinnung und Reichtum keinen Widerspruch darstellen – manches Mal sogar ganz im Gegenteil.

Vom Bestimmen der Welt

Sternwarte des Stifts Kremsmünster, 4550 Kremsmünster

Die Aufgabe der Wissenschaft ist es, Bestand aufzunehmen, Zusammenhänge zu erklären, Schlüsse zu ziehen. Ihre Sprache ist die der Erkenntnis und der Vernunft. Und doch erschüttert Otto Normalverbraucher nichts mehr, als wenn tradiertes Wissen durch neues ersetzt wird. Sein Denkgebäude gerät dann ins Wanken. Es droht einzustürzen. Wald- und Wiesenwissen beugt sich eben nur ungern dem vermeintlichen Joch des Fortschritts. Die Wissenschaft aber ist ein Zwitterwesen. Sie ist zeitgemäß, blickt in die Zukunft und profitiert doch vom Denken vorangegangener Epochen. Ohne Aischylos, Vergil oder Euripides wüssten wir nichts über das politische Bewusstsein der Antike, die einmal alles andere war als antik. Ohne Archimedes, Demokrit oder Ptolemäus fehlten die Grundbegriffe von Mathematik und Geografie. Seidenmaler, Bildhauer, Maler, Komponisten, Denker und Schreiber – ihr Talent überlebt Jahrtausende. Sie visualisieren Träume, bannen sie auf Stoff oder brechen

87

sie aus dem Stein heraus. Wissenschaftler und Künstler sind Denkrevolutionäre. Sie stellen Fragen und beantworten sie auch gleich selbst.

Die Aufgabe von Museen ist es, Wissen zu bewahren, Denken weiterzuentwickeln. Längst verbringe ich mehr Zeit in ihnen als in Theaterhäusern. Das Laute, Eitle langweilt mich, die unaufdringliche Stille eines Kunstraumes ist wohltuend. Sei es ein medizinisches Präparat, ein „gestopftes" Tier, ein Gemälde, eine Plastik oder ein astronomischer Apparat. Indem ich sehe, denke ich. Indem ich denke, lerne ich. Kein kleinmütiges Geschwätz drängt sich zwischen Künstler und Betrachter. Einer meiner bevorzugten Rückzugsorte ist die Galerie Gugging im nahen Umfeld Wiens. Oben, auf dem Hügel jenseits der Wolken, waren und sind sie zu Hause, die Kopf- und Instinktkünstler, Seismografen ihrer Zeit. Wahrheit trennt Wissenschaft von Scharlatanerie, Kunst von Gefallsucht. Erkenntnis geht von Kopf zu Kopf, Kunst von Herz zu Herz. Die Kathedralen des Denkens sind Schatztruhen, gefüllt mit Wissen. Museen schenken mir Raum und Zeit, sie schenken Platz, um zu träumen.

Ein solcher Ort ist der „Stöffel im Eck", wie Aufklärungsgegner das im Jahre 1749 als „mathematischer Turm" errichtete Neugebäude im südöstlichen Eck des Stiftkomplexes Kremsmünster bezeichneten. Der Schmähname galt dem ersten Hochhaus Europas und war eine Anspielung auf den im Herzen der Wienerstadt stehenden Turm zu St. Stephan, damals wie heute liebevoll „Steffl" genannt. Das an der Peripherie der ehrwürdigen Benediktinerklostermauern als Sternwarte errichtete Gebäude wurde für die Positionsbestimmung von Himmelsgestirnen sowie andere wissenschaftlich-meteorologische Beobachtungen genutzt. Dokumente von Temperaturmesswerten und Wetterdaten reichen bis ins 18. Jahrhundert zurück und gelten als die ältesten kontinuierlichen Aufzeichnungen des Landes an ein und demselben Ort.

Mathematischer Turm

In Kremsmünster waren die Patres seit dem Frühmittelalter wissenschaftlich tätig, das Stift galt als der wichtigste Kulturträger des Traunviertels. Wohl auch deshalb ordnete die Gemahlin des Kaisers Franz I. Stephan, die die Staatsgeschäfte führende Erzherzogin von Österreich und Königin von Ungarn, Maria Theresia, den Bau einer Bildungseinrichtung für den Nachwuchs hochedler Adelskreise an. Die „Ritterakademie", die den pädagogischen Anspruch des Stiftes in eine neue Dimension hob, war der Startschuss für ein beispielhaftes Projekt. Vier Jahre später (die Mühlen des k. k. Machtapparates mahlten langsam) erfolgte der Spatenstich der Sternwarte und ihrer wissenschaftlichen Kabinette. Aufgrund zahlreicher technischer Pannen war das hohe Haus aber erst zehn Jahre später fertig. Im sechsten Stock befand sich das Herzstück der Denkfabrik, der astronomische „Beobachtungssaal", nebst Terrasse und Kuppel. Die Himmelsforschung und die bis heute gültige meteorologische wie seismografische Beobachtungsstation Kremsmünster erlangte Weltruf.

Die Xylothek

Der studierte Biologe Dr. Gerhard Kraml, vulgo Pater Amand, erwartet mich. Trotzdem ich eine lange Vespa-Anreise habe, bin ich pünktlich zur Stelle. Der Mann ist Multitasker. Nach dem Studium der Theologie und Philosophie, nebst jahrelangem Kustodiat der Naturwissenschaftlichen Sammlung, widmete er sich der Pflanzenkunde Oberösterreichs. 1995 wurde er zum Direktor der Sternwarte und deren wissenschaftlicher Sammlungen bestellt. Der Mann, unter dessen Ägide der Planetoid 6457 den Namen „Kremsmünster" erhielt, streckt mir die Hand entgegen und lacht übers ganze Gesicht. Neben ihm steht sein Assistent, ein hoch aufgeschossener Herr und Hüter aller Schlüssel dieser Welt, speziell jener des Babylonischen Turms – und lacht ebenfalls.

„Willkommen", sagt der Herr Direktor, „willkommen am Ort des Bewahrens und der Forschung!"

Ich bestaune die mächtigen hohen Mauern, den schönen, spätherbstlichen Ziergarten und bedanke mich für den warmherzigen Empfang. Schlüssel rein. Tür auf. Ich bin drin. Vor einem halben Jahr hatte ich den ersten Versuch unternommen. Ohne Fortune.

„Der Eintritt umfasst die Mindestanzahl von vier Personen, eine maximale Verweildauer von zweieinhalb Stunden,

90

darüber hinaus herrscht Reservierungspflicht, allerdings nur zu ausgewählten Zeiten zwischen Mai und Oktober", sagt der Großgewachsene.

„Weshalb machen Sie es den Besuchern so schwer?", frage ich.

„Heizkosten", murmelt er. Tür zu. Schlüssel.

Pater Amand („der Liebende") misst mich von Ponem zu Patschen: „Ich denke, wir sind gleich alt", sagt er stirnrunzelnd.

„Woher wissen Sie das?", antworte ich, worauf er erwidert: „Wikipedia. Man sollte im Bilde sein."

Unsere Karawane hat den ersten Stock erreicht. Ein enges Kämmerchen liegt vor mir, darin jede Menge Apparate. Seitlich an der Wand ist ein Monitor angebracht, daneben hängen Listen mit seismografischen Aufzeichnungen. Die Ausschläge, die anlässlich des letzten Erdbebens im Hohen Atlas registriert wurden, sehen aus wie Blutbahnen eines Schüttbildes von Hermann Nitsch. Neben dem Fenster sind jede Menge Wetterprotokolle an eine Tafel gepinnt.

„In Österreich gibt es zwei gültige Wetterstationen: Die Sonnblickwarte und Kremsmünster. Man nennt das die ‚Kardinalstellen' des meteorologischen Gewissens des Landes", sagt der Herr Direktor.

„Darf ich ...?", frage ich und nähere mich dem Wetterkammerl. Der Assi ist zur Stelle. Schlüssel rein. Tür auf. Ich reiße das Fenster auf, um die Geräte in ein besseres Licht zu setzen.

„Um Gottes willen ...!" Der Großgewachsene springt dazwischen und hält mich auf Distanz. Habe ich durch die unbedachte Erschütterung die aktuelle Großwetterlage beeinflusst, oder zeigt das Seismometer in Form einer

Der Hohe Saal

Magnitude eine von mir verursachte Erderschütterung an, deren Epizentrum sich in Kremsmünster befindet? Wie peinlich unsensibel von mir. Ich drücke dennoch auf den Auslöser, bevor der Herr Assistent mir in die Parade fährt, um noch Schlimmeres zu verhindern.

Nächster Stock, nächster Schlüssel. Pater Amands Atem geht stoßweise, der topfitte Assi waltet seines Amtes: Tür auf. Wir stehen im Mineralogischen Kabinett. Der Direktor nimmt mich beiseite: „Unsere Besucher sehen hier, wie ein Museum aufgebaut ist. Früher und heute. Es handelt sich gewissermaßen um die Bestimmung der Welt."

Dritter Stock. Die Treppe ist steil. Der Direktor ist gezeichnet. Auch ich, wir sind ja gleich alt. Der Assistent mustert seine Mannschaft mit Sorge. Schlüssel rein. Tür auf. Er deutet in den Saal: „Physik! Hier sehen Sie die Apparate, deren Aufgabe es ist, Auskunft zu geben, was die Welt im Innersten zusammenhält. *Faust I.*" Sollte ein Witz sein. Ich lache.

„Das also ist des Pudels Kern", murmle ich, aber die anderen sind schon wieder draußen im Stiegenhaus. Tür. Schlüssel.

Vierter Stock. Mein Gebläse arbeitet auf Hochtouren. Im Stiegenhaus steht Herr Ioannes Keplerus, Astronom, Physiker, Mathematiker und Naturphilosoph. Ich grüße. Täusche ich mich, oder zwinkert er mir zu? Der Assi stößt die nächste schwere Tür auf. Ich stehe in einem der schönsten Museumsräume, die ich je sah. Alleine dieser rechtfertigt meinen Besuch: der Hohe Saal. Wände, Plafond, Vitrinen, Holzboden. Alles frisch renoviert. Wissenschaft wird hier gepflegt.

„Hier sehen Sie weitaus ältere Stopfpräparate als im Naturhistorischen Museum in Wien", sagt Pater Amand stolz. Er ist schweißüberströmt und ringt nach Atem. Nur dem fitten Assistenten scheint das Treppensteigen nichts auszumachen. Demnächst werde ich wieder zu trainieren beginnen, denke ich.

Neben den durch unzählige Vitrinen flatternden winzigen Vögelchen bildet die Xylothek, eine aufsehenerregend schöne Sammlung von „Holzbüchern", in deren Inneren sich Proben heimischer und exotischer Hölzer verbergen, den Höhepunkt der Sammlung. In den Schaukästen rundum: Quallen-Glasmodelle, dipterologische Präparate aus der Sammlung des Fliegenforschers Leander Czerny, Pilzmodelle und jede Menge exotischer Tiere, darunter ein treuherzig dreinblickender Kugelfisch.

Ab jetzt geht's endgültig himmelwärts. Zweistimmig schleppen wir uns, der Herr Direktor und ich, eine Wendeltreppe hinauf, während der durchtrainierte Kollege ... Schlüssel rein, Tür auf.

Das Messkammerl

„Conclave Turcicum!", stöhnt Pater Amand, „der Türkenraum!"

Osmanische Trachten, flankiert von einer ägyptischen Mumie, dazu noch ein besonderer Effekt: Kaum dass man die Türe öffnet, saust mittels einer mechanischen Vorrichtung ein Hund quer durch den Raum. Man erschrickt gehörig. Nur: Die Attraktion fiel dem Zahn der Zeit zum Opfer, es gibt sie nicht mehr. Weswegen ich nicht erschrecke und um eine nette Geschichte umfalle.

Nächster Stock. Der Direktionsassistent, ein Vorbild, wir wissen es, in Sachen Fitness, tänzelt in das Astronomische Kabinett. Wir, schwer gezeichnet, hinterdrein. Hier sind die prächtigen Himmelsinstrumente ausgestellt, darunter ein Sextant, der von Kepler in Prag benutzt wurde. Außerdem: Taschensonnenuhren, Erd- und Himmelsgloben und der berühmte „Astronomische Tisch".

„Kremsmünster leidet unter Lichtverschmutzung, müssen Sie wissen, deshalb haben wir unsere astronomische Arbeit schon vor längerer Zeit eingestellt. Heute beschränken wir uns darauf, ein Archiv der Forschung zu

94

sein, das Daten und Wissen zur Verfügung stellt." Der Herr Direktor lehnt kreidebleich an der Wand und blickt aus dem Fenster. Über uns wölbt sich ein makelloser Himmel, die Sonne wärmt den Raum. „Manchmal gehe ich in der Nacht durchs Museum. Die Ruhe, verstehen Sie? Und alle vierzehn Tage besteige ich den Turm. Fitness." Pater Amand blickt mich an. Ja, es ist schön hier oben. Sehr schön. Man ist umgeben von Erkenntnis und Verstand. „Es gibt nichts Schöneres", sagt er, als hätte er meine Gedanken erraten.

„Doch", sage ich, „einen Lift."

„Sie haben recht", antwortet er, während sein Assistent die Tür hinter uns schließt.

Die letzten Stufen. Der letzte Schlüssel. Die letzte Tür. Wir stehen im Kapellenzimmer. Hier fühlt man sich der Unendlichkeit nahe. Ein kleiner Altar. Ein Holztisch. Mehr braucht's nicht. Der Raum wird von einer riesigen Terrasse umgeben.

„Welcher Stern ist nach Ihnen benannt?", frage ich.

Der Herr Direktor wendet sich ab. Habe ich ihn beleidigt? Er schweigt. Dann sagt er: „Uns Benediktinern ist Bescheidenheit auferlegt."

Kein Stern trägt den Namen Amand. Schade. Der „Liebende" würde sich gut machen. Eigentlich aber ist es vollkommen egal, Herr Dr. phil. Gerhard Kraml, wie mein Jahrgangskollege mit bürgerlichem Namen heißt, steht auch so dem wahrscheinlich schönsten, sicher aber höchsten Museum der Welt vor. Wenn nur die zweihundertsiebzig Stufen nicht wären. Die aber machen Pater Amand und mich hoffentlich unsterblich: Als Fitnesstraining sind sie aus unser beider Leben schon aus medizinischer Sicht nicht wegzudenken.

TIPPS

Äpfel aus der Erde

Leinölerdäpfel:
Traditionelles Mahl der
oberösterreichischen Küche.
Das Öl kann nach Gebrauch
als Möbelpolitur verwendet
werden.

Erdäpfelknödel:
Die klassische Beilage zum
unverzichtbaren
Sonntags-Bierbratl

Erdäpfelkas:
Regionaler Aufstrich auf einem
knusprigen Kanten Bauernbrot

Sauwald-Erdäpfel:
„Innviertler Kartoffelregion" –
Boden und Klima ergeben
ideale Bedingungen für
die Aufzucht der beliebten
Wunderknolle.

Süßes wie im Himmel

Innviertler Affen:
Tierisch gutes Schmalzgebäck, das seinen Namen dem regionalen Kirtagsleben verdankt: Nach reichlichem Alkgenuss verhalf deftiges Süßgebäck dazu, sich nicht endgültig „zum Affen zu machen"!

Eferdinger Schnitten:
Blätterteig, Zucker, Vanille-puddingcreme und Schlagobers sind die wichtigsten Bestandteile von Cremeschnitten. In der Konditorei *Vogl* am Hauptplatz von Eferding backen die Weltmeister. Naschen, bis der Arzt kommt!

Lebkuchenherzen:
Am vierten Fastensonntag verschenkt man als Liebesbeweis (s)ein Lebkuchenherz an (s)einen Herzensmenschen. Rund um den Traunsee zeigt man jede Menge Gefühl!

Böhmische Glaserer:
Alte Semmeln oder Krapfen in Scheiben schneiden, in Ei wenden und goldbraun heraus-backen. Jetzt kommt das Wichtigste: Zimt, Zucker und – heißen Most drüber. Nicht nur für „Schlosserbuben"!

Unter der Haube

Bezirksgoldhauben Vöcklabruck, 4690 Rüstorf
goldhauben-bezirk-voecklabruck.at

Die Goldhaube gehört ins Vier-Viertel-Land wie die Pullmankappe zu den Basken, der Stetson nach Missouri oder der Turban zum Volk der Sikhs. Trotzdem der prächtige Kopfschmuck grenzüberschreitend in Richtung Wachau, ja sogar bis hinüber ins Salzburgische emigrierte – Oberösterreich ist und bleibt doch seine Heimat. Seit einigen Jahren darf er sich sogar mit der Auszeichnung „Immaterielles Kulturerbe der UNESCO" schmücken.

Roswitha Pogotz, engagierte Goldhaubenstickkursleiterin, bekommt Schnappatmung, wenn sie davon erzählt. Zu Recht. Der Titel wird selten genug verliehen. Der solcherart geehrte Hut ist und bleibt das Kulturgut des Landes, handelt es sich doch dabei um eine laut Wikipedia kulturelle Ausdrucksform, „die unmittelbar von menschlichem Wissen und Können getragen, von Generation zu Generation weitervermittelt und stetig neu geschaffen und verändert" wird. Die Oberösterreicher setzen dem noch eins drauf, ist doch die Haube ausschließlich verheirateten Menschinnen vorbehalten. Die Redewendung „Unter die Haube kommen" birgt hierzulande tieferen Sinn.

Goldhaube

Ich treffe die erste Vorstickerin des Bezirkes Vöckla-bruck, eine der Repräsentantinnen des goldenen Hand-werks, in ihrem magischen Reich in Rüstorf, um mehr über die prächtige Haube zu erfahren. Ihr Funkeln und Glitzern macht wohl nicht nur mich platt.

„Seit wann schmücken sich Frauen damit?", lautet meine erste, nicht übermäßig originelle Frage.

„Seit Mitte des 18. Jahrhunderts, und sie war den gesell-schaftlich höher gestellten Damen vorbehalten. Weniger Begüterte trugen Kopftuch. Ohne Kopfbedeckung durften Frauen damals nicht auf die Straße."

„Gesetz?", frage ich.

„Brauch", antwortet Frau Roswitha.

Ich staune, war mir bis dato doch keineswegs bekannt, dass auch bei uns einmal der Anblick weiblicher Haarpracht ausschließlich dem Ehegatten vorbehalten blieb. Da aber meine Gastgeberin nicht nur Obfrau der Rüstorfer Gold-hauben-, sondern auch noch die der Kopftuchgruppe ist,

99

Die Goldhaubenstickkurs-
leiterin

glaube ich ihr aufs Wort. Auch das Wort „Kopftuchgruppe" höre ich zum ersten Mal: Das Tuch ist hierzulande einer IG zugehörig? Es gibt nichts, was es nicht gibt.

„Das Haar blieb also damals in den eigenen vier Wänden", stelle ich fest, „allen Ernstes?"

„Die Haar' sind schon mit-gekommen, aber halt verhüllt", sagt sie. Bingo. Und bevor ich noch Parallelen mit anderen Gesellschaften ziehe, denke ich, dass das Verbergen weibli-cher Schöpfe wohl keineswegs einem fundamentalistisch-religiösen Gesetz geschuldet war, eher schon einem praktisch-sozialen. Frauen verließen nicht unbedeckt Haus und Hof. Die Frage nach dem Warum bleibt genauso offen wie der Mund des Fragestellers.

In späteren Zeiten erfuhren die Goldhauben eine imagi-näre Achterbahnfahrt. Mal waren sie beliebt, mal nicht – je nach Laune und Wetterlage. Erst in den 1970er-Jahren ent-riss die First Lady des Bundeslandes, Frau Dr. Ratzenböck, den Brauch der Vergessenheit und verhalf ihm zu neuer Popularität. Seither firmieren die prächtigen Kopfbede-ckungen wieder als identitätsstiftendes Symbol. Ob Fron-leichnam, Erntedankfest, Kräuterweihe oder Jubelmesse, die Damen packten die Hauben am Knauf und begannen sich zu schmücken, wie schon ihre Mütter und Großmütter es taten. Wiedererwachtes Nationalgefühl stärkte den Rücken und hob die Köpfe.

„Natürlich gehört auch das passende Trachtenkostüm, nebst gestärktem Unterrock, dazu", sagt Frau Roswitha, „außerdem noch Handschuhe, mit oder ohne Finger, Perlbeutel, Schirm, der passende Schmuck sowie ein Schultertuch. Und nicht zu vergessen, neben dem Betbuch bei religiösen Veranstaltungen halten wir eine zur Jahreszeit passende Blume in der Hand." Volle Wäsch'! Das kann einem Theatraliker wie mir nur gefallen.

Ab dem Jahr 1976 pfiff der Sturmwind neu entfachter Nostalgie durch Land und Dachböden. Wieder begannen die Oberösterreicherinnen ihre Truhen zu durchstöbern und entstaubten, was das Zeug hielt. Seit damals wird in den Stuben wieder gestickt, dass die Finger krachen. Frau trägt Gold, und Mann ist stolz darauf.

Auf dem Tisch vor mir liegen Berge an Fotoalben, gespickt mit den prächtigsten Bildbeispielen, und kaum dass ich mich davon erhole, verabreicht mir die Haubengöttin den nächsten optischen Schock: die schönsten und kostbarsten Stücke aus ihrer Werkstatt. So viel Glanz und Glitzer auf einmal bekommt man selten zu Gesicht. Frau Roswitha beginnt, mir die technischen Finessen des Handwerks zu erläutern. Da tut sie eben recht daran, denn in Sachen Handarbeit stelle ich mich ebenso hilflos an wie ein Ferkel beim Schach.

„Die Goldwebe, eine Art Gitterband, belege ich mit kleinen Perlen und Flitterstücken", erklärt sie, „vernähe sie mittels Bouillons, so nennen wir die Fäden, die mit feinen, goldenen Hülsen umwunden sind, forme Muster und

In der Werkstatt

besticke das Ganze mit winzigen, gelöcherten Blütenblättern, den Folien."

Sie sieht mich fragend an. „Ja", sage ich, und verstehe Bahnhof.

„Die Webe wird auf ein Drahtgestell appliziert, die Gimpe. Darauf kommt ein mit Goldblättchen verzierter Knauf, hinter dem eine aus Tüll und Spitze gefertigte schwarze Masche vernäht wird."

Das ist der ganze Lack. Haube um Haube landet vor mir auf dem Tisch, dazwischen Bänder und Käppchen, die die Kinder und Teenies tragen. Und während ich pflichtschuldig staune und knipse und knipse und staune, packt Frau Roswitha weiter aus: „Die Frauen stecken sich ja die Goldhaube im Haar fest. Keine Spange darf sichtbar sein, sie müssen wie angewachsen erscheinen."

„Und wenn das Haar schütter wird?", frage ich aus eigener Erfahrung.

„Früher steckten sich die Frauen sogenannte Schwartennadeln in die Kopfhaut, zwecks besserer Haltbarkeit. Eine Art frühzeitliches Piercing."

„Wie lange dauert die Arbeit an einer Haube?", frage ich.

„Lange. Das ist ja das Schöne daran", lautet die Antwort. Die Frau Kursleiterin hockt sich auf ein winziges Stühlchen und demonstriert ein paar einfache Arbeitsgänge. Die Nadel ist so dünn, dass ich sie mit freiem Auge kaum erkennen kann, der Faden ist fein wie Engelshaar. Und dann stickt sie und fädelt, appliziert und endelt, dass mir die Augen übergehen. Vor allem aber bewundere ich ihre Sehkraft, denn die Teile sind mikroskopisch klein.

„Als ich mein erstes Band gemacht habe, bin ich vierzig Stunden daran gesessen. Zwanzig Stunden hab ich gestickt, der Rest ist fürs Nadeleinfädeln draufgegangen."

„Was kostet der Spaß eigentlich?", erkundige ich mich.

„Das halbe Leben", sagt sie und lacht. „Das Haubentragen ist teuer, braucht es doch auch die dazu passende Tracht und die vielen Accessoires. Das macht die Sache letztlich aus." Also doch lieber Kopftuch, denke ich.

„Und was machen die Männer dabei?", frage ich weiter.

„Die Schachteln. Darin bewahren wir die Hauben auf." Sagt's und erhebt sich.

Draußen fallen dicke Schneeflocken, Rüstorf droht unter einer weißen Pracht zu versinken. Die Weihnachtsfeiertage sind vorbei, dennoch duftet es im Haus nach frischem Backwerk. Falsch. Es riecht nach Schäferhund, der jetzt unter dem Tisch hervorkriecht. Hat er Kekse im Maul? Oder ein paar Goldfolien? Frau Roswitha verscheucht das Krümelmonster.

Das Sortiment

„Gezählte achtzehntausend Goldhaubenträgerinnen gibt es bei uns im Land."

„So viele?", frage ich.

„So wenige", gibt sie zurück, „es könnten ruhig ein paar mehr sein. Besonders junge! Wir sind ein lustiger Haufen und setzen uns gerne zusammen. Unser Vereinsleben besteht nämlich in der Hauptsache aus Helfen. Wir überlegen ständig, welche Familien, Kinder Unterstützung benötigen. Dann wird gesammelt. Die Goldhauben sind ein Verein, der sich oft gegen das Vorurteil der Vergreisung wehren muss. In Wahrheit aber sind wir ein karitativer Haufen jedweden Alters, der es sich zur Aufgabe macht, Gutes zu tun. Nichts anderes wollen wir. Nichts anderes tun wir."

Goldhaube oder Kopftuch sind der Vordergrund. Der Hintergrund aber ist Helfen und Bewahren. Und das ist weder veraltet noch skurril. Es ist einfach nur nachahmenswert. Tradition und Heute. Beides liegt näher beisammen, als man meint. Die Hauben- und Kopftuchträgerinnen wissen das. Sie machen es uns vor. Mögen es andere nachmachen. Jedweden Alters.

104

In der Pilzkist'n

**Pilzothek Klaus Schnötzinger-Vorwahlner,
Gerichtsbergstraße 20, 4840 Vöcklabruck**

yphe" bedeutet entweder das fadenartige Vegetationsorgan von Pilzen oder pilzähnlichen Protisten, einer Gruppe mikroskopisch kleiner ein- oder wenigzelliger Eukaryoten, oder aber die Zellfäden von Bakterien der Ordnung Actinomycetales. Die Gesamtheit dieses feinmaschigen Gewebes wird als Mycel bezeichnet. Kaum steckt der kleine Rest des großen Ganzen den Kopf aus der Erde, landet er als Schwammerl im Volksmund. Pilze, man höre und staune, sind von Natur aus weder Pflanzen noch Tiere – am ehesten beides, genau genommen aber weder noch. Dennoch gilt es als erwiesen, dass sie mehr der Zoologie zuzurechnen sind als der Pflanzenwelt. Dürfen also Pflanzenfresser, deren Gebot es ist, nichts zu essen, was einen mit Augen anblickt, ohne schlechtes Gewissen zubeißen? Ja und nein. Wie jetzt? Tier oder Pflanze? Die Wissenschaft stottert und der Vegetarier – ebenso.

Pilze bilden eben ein eigenes Reich eukaryotischer Lebewesen, was bedeutet, dass sie zwar sesshaft sind wie Pflanzen, im Unterschied zu diesen aber keine Fotosynthese betreiben. Um die Verwirrung auf die Spitze zu treiben: Durch die Aufnahme organischer Substanzen ernähren sie sich wie Tiere. Spätestens jetzt kennt sich kein Mensch mehr aus. „Pilz oder nicht Pilz" ist die vorletzte aller Fragen, und die wissenschaftlich abgesicherte letzte Antwort lautet: Nimm die richtigen und lass sie dir schmecken.

Um den Ethikern Genüge zu tun, gilt die Faustregel: Den Schwamm zu kaufen gilt als unrein. Man muss ihn finden. Aber wie? Indem man ihn nicht sucht. Schon ein Korb in der Hand gilt als Sakrileg, das offen zur Schau getragene Pilzmesser sowieso, und an Waldwegen zu parken ist rundweg verboten. Das nämlich wären Indizien, die Interesse verraten. Hier nun also ein paar Verhaltensregeln für den Sammler:

- Interessiere dich nicht allzu offensichtlich für eine bestimmte Region. Der Gegner lauert im Gebüsch und ist meist schon vor dir am Moos.
- Hole keinesfalls vor Ort Erkundigungen über Pilzgründe ein (Wirt, Tankwart etc.). Dein Feind hört mit, denn das Böse ist immer und überall.
- Süchtige schleichen schon bei Morgengrauen über verdächtiges Terrain. Du erkennst sie am krummen Rücken. Wenn du solches siehst, gehe auf Distanz und verhalte dich unauffällig.

Heutzutage ist die tägliche Beute gesetzlich reglementiert: nicht mehr als zwei Kilo pro Korb und Nase. Kaum wärmen Altweibersommersonnenstrahlen den feuchten Waldboden, fluten mit Bärten und Brillen getarnte Sammler die Erntegründe. Dabei ist keineswegs gesagt, dass die Pfründe des Vorjahres mit jenen der neuen Saison übereinstimmen. Moospölster sind wankelmütig und Baumstrünke ebenso. Die Regel lautet: Es gibt keine Regel. Eigentlich verwunderlich, denn unterhalb des Waldbodens liegt das feinmaschige Netz an Hyphen. Der mit Abstand größte Pilz unserer Tage, ein Hallimasch, wurde in Oregon, USA gebrockt. Seine Tentakel erstreckten sich über neun Quadratkilometer. Das Schwammerl ist und bleibt ein Mysterium. Es macht das Finden selten und das Suchen menschlich. In der Pilzologie gilt jene Regel als sicher, die der Schwammerlfreak Arnold S. einst aufgestellt hat: „Päschn" und „Profäschn" sind zwar nahe Verwandte, aber seit jeher verfeindet.

„Schnötzinger-Vorwahlner" steht auf dem Türschild, an dem ich gefühlte zehnmal vorbeifahre, ohne es zu bemerken. Das verborgene Haus liegt gleich nach der Ortstafel von Vöcklabruck, im schönen Hausruckviertel. Auf der Suche nach erzählenswerten Geschichten bewege ich mich zumeist mit der Nase am Boden, was meinem Hobby, dem Pilzfinden, gleicht. Und wie bei selbigem verbirgt sich auch hier die weitverzweigte Cyberwelt unterhalb der (digitalen) Oberfläche. So stieß ich auf den Bericht über einen vermeintlich schrulligen Typen, der Pilze züchtet und sie, wenn sie denn reif sind, an seine Kundschaft liefert – mit dem Lastenfahrrad. Was für ein Kerl blüht da im Verborgenen, denke ich und greife zum Hörer. Erwartet habe ich einen Vertreter der Wald-, Luft-, Licht- und Sonnenfraktion, eine Art Waluliso mit Rauschebart und Birkenstockschlapfen. Die Tür aber öffnet das Gegenteil: ein smarter Typ, Marke Geschäftsleiter eines „mittleren europäischen Elektronikunternehmens in Sachen Leiterplatten mit globalem Vertrieb, Augenmerk

Asien". An einer der Hauswände lehnt ein Lastenrad ... Indiz! Es riecht nach Schwamm – der Beweis!

„Kaffee?", fragt der Herr mit dem unmerkbaren Doppelnamen, und gleich danach steht ein wunderbar duftender Espresso vor mir, so stark und so schwarz, als hätte er einen Schopftintling aufgebrüht.

„Ich bin ein Genussmensch", sagt Herr Schnötzinger-Vorwahlner, und ehe ich noch „Genau wie ich" sagen kann, kommt er zum Punkt: „Was meinen Sie, was man aus Kaffeesatz alles machen kann?"

„Keine Idee", möchte ich antworten, aber er ist schneller: „Pilze", sagt er. Nach zwei Minuten sind wir mittendrin im Thema, und während im Hintergrund zwei freche Katzen quer über Tische und Bänke springen, beginnt er vom Ausstieg aus der Elektronikbranche zu erzählen, nachdem es ihm gelungen war, den Jahresumsatz des Unternehmens um viele Millionen zu steigern.

„Klassikaner!", denke ich.

„Ich habe die Reißleine gezogen", sagt er, „mir ging's nicht mehr gut. Ich hatte alles, aber eigentlich nichts."

„Verstehe", sage ich. Je erfolgreicher, desto früher kommt man auf solch Krause Glucken, äh ... Gedanken. Herr Schnötzinger belegte einen Schnupperkurs bei *Hut und Stiel*, dem Marktführer in Sachen Pilzaufzucht. Die Spore flog, der Schwamm wuchs.

„Ich war angekommen", erzählt er. „Am Schluss bekam man ein Säckchen Kaffeesatz mit nach Hause. Darin spross mein erster selbst gezogener Pilz. Mehl, Ei, Brösel – der reine Genuss! Wozu noch Fleisch? Ich war infiziert. Ab diesem Moment zog ich von Freund zu Freund, von Kaffeehaus zu Kaffeehaus und entleerte Espresso- und

Melitta-Maschinen. Je mehr Pilzlinge ihre Köpfe aus dem Kaffeesatz streckten, desto mehr begann ich, mein Leben zu überdenken. Die Idee war gut. Der Hund aber lauerte in der Logistik", sagt er.

Fünf Kilogramm Austernpilze waren schnell gezüchtet. Die Probleme begannen genau hier: Mehr Kaffeehäuser im Umkreis gab's nicht, von Freunden ganz zu schweigen. Der Kaffeesatz wurde zur Mangelware. Eine Alternative musste her: Stroh. Das Material musste zu einem undurchdringlichen Geflecht an Fasern verdichtet werden.

In der Pilzkist'n

Herr Schnötzinger begann zu stopfen und zu stampfen, bis die Finger krachten. Einer brach. Verletzungsbedingt gab er w. o. Die neue Idee: Pellets! Holzpresslinge aus Sägemehl ergeben ein prächtiges Substrat. Stadel und Schuppen wurden umgebaut und vergrößert. Die Produktionsstätte wuchs, der Arbeitseinsatz verdreifachte sich. Je wohler sich die Pilzlinge fühlten, desto mehr schuftete ihr Züchter. Neue Hürden stellten sich ihm in den Weg: Zertifikate in Sachen Lebensmittelkontrolle. Die Amtsorgane verlangten eine möglichst keimfreie Aufzucht, das Produkt unterlag ab sofort strengeren Kriterien, von der Produktionsstätte ganz zu schweigen. All das verschlang

Der Schwammerlzüchter

ein Vielfaches an Energie und Finanzen, deutlich mehr als vorgesehen. Kappe und Stiel mussten unter einen neuen Hut, also hämmerte der Autodidakt, schraubte, formte und bog. Er elektrifizierte, bewässerte, beleuchtete. Er schuf sterile Räume. Und irgendwann war es so weit. Die Säuglingsstation war keimfrei und klimatisch ausgewogen. Der Nachwuchs explodierte.

Neue Absatzmöglichkeiten mussten überdacht werden. FoodCoops heißt das Zauberwort. „Selbstverwaltete Gemeinschaften zur Verteilung von fairen und nachhaltigen biologischen Produkten", nennt es der Fachsprech. Gesundheits- und Umweltbewusste entwickeln umweltorientierten Ganzheitsgenuss. Wenn schon nicht Veganismus, dann zumindest Flexitarismus. „Pilz als neues Rindfleisch" ist die Devise, und die Dividende schießt durch die Decke. Das Produkt boomt, erfährt aber Gegenwind: Zwar unterstützt das Land Oberösterreich die Arbeit des Meisteraussteigers, die Gemeinde aber, als seine unmittelbare Umgebung, bleibt skeptisch. Wie so oft gilt der Prophet im eigenen Kaffeesud nichts. Dennoch hegt der Pilzologe eine Hoffnung für die Zukunft: Eine größere Produktionsstätte (auf eigenem Grund und

Boden), ein Seminarraum, in dem auf ernährungswissenschaftlicher Basis Bewusstseinsbildung an Schulklassen weitergegeben werden kann, sowie ein Verkostungsraum samt angeschlossener Schauküche, in der Feinschmecker mit Austernpilzen, Pilztatar, Seitlingen, Pilzrisotto und vielen anderen Produkten und Gerichten verwöhnt werden können.

Was wünscht man einem von Vision und Traum getriebenen Schwammerlzüchter? „Spore, flieg!", „Korb voll!" oder „Wurmlos!"? Am ehesten wohl „Gut Pilz!". Das gönne ich dem Meisterzüchter. Und wie! Während ich meine vierventilige Einspritzerin besteige, schwingt er sich auf sein Fahrrad – und noch ehe ich den Starterknopf drücke, ist er bereits hügelauf und hügelab unterwegs zu all den eukaryotischen Pilz-Wahnsinnigen der näheren und weiterer Umgebung, derer es mehr und mehr geben sollte, müsste, wird!

TIPPS

Seen-Sightseeing

Langbathseen:
Am Fuße des Höllengebirges findet man die beiden traumhaft schön gelegenen glasklaren Bergseen. Ihre Naturbadestrände sind eine Oase inmitten großartiger Bergkulisse. Trinkwasserqualität!

Almsee:
Atemberaubend schön zu jeder Jahreszeit, so präsentiert sich das Juwel unter den oberösterreichischen Seen. Einmal umrunden und man wird gläubig, so man es nicht schon aufgrund der zauberhaften Anfahrt wurde.

Schiederweiher:
Künstlich angelegter See im Stodertal unterhalb des Großen Priel. Der Rundweg ist so malerisch, dass hier schon so manche Ehe versprochen wurde. Vorsicht, man kommt wieder!

Gleinkersee:
Inmitten von saftig grünen Wiesen, umstanden von prächtigen Wäldern und eingerahmt von den schroffen Graten der Kalkalpen, liegt das Naturparadies. Baden, wandern, klettern – hier kommt jeder auf seine Kosten. Genießen und mit der Seele baumeln!

Beim Tierpräparator

Salzkammergut Tierweltmuseum Höller, Aurachtalstraße 61, 4812 Pinsdorf

Wir bestehen nur aus Ideen, die in uns aufgetaucht sind und die wir verwirklichen wollen, die wir verwirklichen müssen, weil wir sonst tot sind (...) Jede Idee und jede Verfolgung einer Idee in uns ist das Leben (...) Ideenlosigkeit ist der Tod."

Niemand anderer als Thomas Bernhard, der Welterzähler, schrieb diesen Satz seinem fiktiven Freund und Roman-Alter-Ego Roithamer zu, dem Philosophen und Professor an der University of Cambridge, der seiner Schwester ein architektonisches Meisterwerk zu schenken gedenkt, eine Art „Wohnkegel", errichtet im geografischen Mittelpunkt des größten zusammenhängenden Waldgebietes Oberösterreichs, des Kobernaußerwaldes. Kaum ist das seiner „genialen Verrücktheit entsprungene Kunstwerk" fertig, verstirbt die Schwester. Ab nun verbeißt sich Roithamer in seine zweite monumentale Arbeit: die literarische Bestandsaufnahme über den verhassten Heimatort Altensam. Er überarbeitet das Werk mehrfach, streicht, kürzt, verfasst neue Passagen, streicht wieder, bis endlich die letzte, die allerletzte Korrektur feststeht. Die Kürzung fällt ebenso radikal aus wie der Entschluss, seinem Leben ein Ende zu setzen. Roithamer begeht Suizid. So weit zum Inhalt des ersten Teiles von Thomas Bernhards Roman *Korrektur.*

Mit dem Freitod des Philosophen beginnt das „Leben" des Autors. In Teil zwei folgt er den Spuren seines verstorbenen Romanhelden, sichtet, ordnet und katalogisiert dessen Hinterlassenschaft. Dafür quartiert er sich im Haus eines Pinsdorfer Tierpräparators ein, in der sogenannten „Höller'schen Dachkammer". In der Abgeschiedenheit der Aurach-Enge, einem düsteren Platz inmitten der Einsamkeit des Traunviertels, macht sich Bernhard in Gestalt des Ich-Erzählers an die Arbeit. Spätestens an diesem Punkt verschmelzen Fiktion und Realität.

„Eines Tages war er da. Ganz plötzlich. Vorm Haus ist er auf und ab 'gangen, dann hat er geläutet. Ich mach auf und frag, was er will. ‚Nix', sagt er. Dann ist er ins Museum gekommen und hat sich umg'schaut. Lang. Und dann ist er wieder gegangen. So war das", erzählt mir Herr Alfred Höller.

„Wer?", frage ich und kenne die Antwort. Thomas Bernhard, der sich vom Preisgeld des Bremer Literaturpreises 1965 in Obernathal einen Vierkanthof gekauft hatte, um ihn langfristig zu renovieren, erwarb in der Nachbarschaft noch zwei weitere Liegenschaften, in denen er bis an sein Lebensende lebte und arbeitete. Eines Tages fuhr er mit seinem Traktor am Haus des Tierpräparators vorbei, während des Umzuges hieß es, allerlei Gerätschaften zu transportieren. Der mystische Platz an der Flussengstelle, dazu das abgeschiedene Haus – Bernhard erschien dieser Ort als

Das Höller'sche Reich

bestens geeignet, die Handlung seines gerade in Arbeit befindlichen Romans hier zu verorten. Er ging zum Flüsschen hinunter. Dann betrachtete er das einsam gelegene Haus auf der anderen Seite der Straße. Wer konnte sich hier niederlassen? Wie oft führt der sonst so beschauliche Bach just an dieser Stelle Hochwasser und wird zum reißenden Fluss. Wie kann ein Mensch so seine Existenz und jene seiner Familie aufs Spiel setzen? Was Bernhard nicht wusste – er wurde dabei beobachtet. Er überquerte die Straße und blieb vor einem Wandfresko stehen. Tierpräparator? Nachdenklich setzte er die Fahrt fort. Noch am selben Abend telefonierte er mit dem Verleger Siegfried Unseld. Der Plot des Romans musste umgedacht, der Text neu geschrieben und der Erscheinungstermin verschoben werden. Das Fragment erfuhr eine unerwartete Metamorphose. Das Anwesen

Der Tierpräparator

des Tierpräparators erschien Bernhard als schicksalshafte Überschneidung mit dem Bauvorhaben seiner Romanfigur. Ein Haus, vollgestopft mit toten Lebewesen, ihrer Seele beraubten Tieren. Dies war der ideale Arbeitsplatz für seinen Romanhelden.

Bernhard kam wieder und wieder, er ergänzte und bearbeitete den Text des ersten Romanteils. Das Haus an der Schmalstelle des Flüsschens Aurach geriet zur Inspirationsquelle des Roithamer'schen „Wohnkegels", aus dem ahnungslosen Tierpräparator Höller wurde einer der Hauptcharaktere des neuen Romans eines der bedeutendsten deutschsprachigen Autoren.

„Ich hab 'glaubt, er will was kaufen. Vielleicht ein ausgestopftes Vogerl. Aber nix. Nach ein paar Tagen war er schon wieder da. Immer wieder ist er zwischen den Viecherln herumspaziert, hat was aufg'schrieben und den Kopf geschüttelt. Er hat er mich gefragt, ob er das Fenster aufmachen darf. Dort ist er g'standen und hat gehorcht. Dann hat er das ganze Haus inspizieren wollen. Also hab ich ihn umeinanderg'führt, bis rauf in die Dachkammer. Dort hat er sich hing'setzt. Ich hab nicht gewusst, was ich machen soll, also hab ich ihn sitzen lassen. Nach a paar Stund' bin ich wieder raufgegangen. Er ist immer noch dag'sessen, die Füße auf der Truhe, und hat aus dem Fenster geschaut."

Herr Höller ist immer noch außer Atem, der Aufstieg in den Dachboden ist steil. Dann setzt er sich auf den Sessel vor den kleinen Schreibtisch. Jede Menge Staub liegt da, als wäre in der Kammer seit damals nicht mehr aufgeräumt worden, und nimmt dieselbe Haltung ein, wie damals der „Herr Bernhard". Die Füße legt er auf die alte Truhe. „So ist er dag'sessen und hat in die Luft geschaut. Dann bin ich runter zu meiner Frau und hab gesagt: Bitte, was will der von uns?"

Die „Höller'sche Dachkammer" wurde zu einem jener poetisierten Räume, die ihrer Bedeutung nach einen besonderen Stellenwert in der Kontextualisierung von Fiktion und Realität eines Kunstwerkes haben – wie das Komponierhäusl Gustav Mahlers am Attersee oder die Gegend um die Aussichtsbank Ferdinand Raimunds am Mariahilfberg oberhalb von Gutenstein, wo die schroffe Gebirgswelt des Schneeberggebietes zur Vorlage seines Feenreiches wurde. Im kargen Dachboden des Hauses an der Aurach verwoben sich Fantasie und Wirklichkeit. Hier ordnet der Ich-Erzähler des Romans *Korrektur* die Schriften und Aufzeichnungen seines verstorbenen Freundes, und der Autor erkennt angesichts der „philosophischen und psychopoetischen Raumordnung, in der sich alles gegenübersteht ..." (© Bernhard-Biograf Hans Höller), wie sich die Bedrohung durch die Natur in Form der Hochwasser führenden Aurach und der umliegenden Berggrate mit dem grenzüberschreitenden Gewerbe des Tierpräparators mischt.

Herr Höller erhebt sich und steigt die Treppe hinunter in Richtung Ausstellungsraum. Ich folge ihm. Seine Frau betätigt einen Lichtschalter. Die Räume sind fahl ausgeleuchtet. Gleich neben der Kassa liegen ein paar

Prospekte, daneben befindet sich das „süße Buffet". Tausende Augenpaare starren mich an. Vater Noah hat die Arche an der engsten Stelle des Flüsschens festgemacht und seine Schützlinge in Zweierreihen über die Straße geführt. Seit sie hier ein dauerhaftes Zuhause gefunden haben, werden sie von Jung und Alt bestaunt. Vierundzwanzig Jahre ist es her, dass die Höllers ihre Schätze der Öffentlichkeit zugänglich gemacht haben, und es bleibt zu hoffen, dass dies noch lange so sein wird. Solange Erwachsene und Kinder die Wunder der Natur bestaunen, wird das Licht an diesem magischen Ort nicht verlöschen. Hier stehen Kreaturen, die schon bald ihrer natürlichen Umgebung beraubt sein werden.

„Die Viecherln sind uns Menschen weit voraus", sagt Herr Höller und geht an den „Tieren des Waldes" vorbei, hinüber zu den in den anderen beiden Räumen untergebrachten „Exoten", den Wildtieren und Reptilien. Alles, was der Nachwelt als Abbild erhalten werden soll, drängt sich in den Fantasieweltträumen dicht aneinander. Tod und Leben, Kunst und Natur gehen hier eine schaurig-schöne Kohärenz ein.

„Tiere denken nicht. Sie reagieren. Der Iltis frisst nicht gleich alle Eier des Geleges auf, so blöd ist er nicht. Er will ja morgen auch noch was zum Fressen haben."

Wir gehen hinüber in die Werkstatt. Herr Höller erklärt mir das „Ausbalgen", das Formen des neuen Gipskörpers, und das „Wieder-Anziehen" der Außenhaut. Derzeit arbeitet er an einem Birkhahn. Er wurde drei Tage zuvor geschossen. Die „Ware" muss frisch sein.

„Früher waren die Menschen gescheiter. Die Füchse, überhaupt alle Tiere, die freigegeben sind zum Abschuss, werden heutzutage weggeschmissen. Tierverwertung. Irgendwann wissen dann die Kinder nimmermehr, wie sie ausgesehen haben. Mein Gewerbe ist ja im Aussterben begriffen. Dabei hauch' ich doch dem Tod Leben ein." Ich denke, dieser Satz hätte Thomas Bernhard gefallen.

Und dann sagt die Frau Höller: „Früher is mein Mann in der Nacht durchs Museum 'gangen und hat sich g'freut wie net g'scheit." Sie löscht das Licht. Noch bevor es finster wird, erkenne ich Tränen in den Augen des alten Mannes.

Herr Alfred Höller wird nicht sterben. Thomas Bernhards Roman schenkt ihm ewiges Leben. Im Unterschied zu den Tieren. Nur jene werden überleben, aus denen er Kunstwerke schuf. Ich befinde mich auf einer Eisscholle zwischen Fantasie und Wirklichkeit. Hier, im Angesicht von Grausamkeit und Schönheit, schrieb einer wie Bernhard und überlebt einer wie Höller, der Vater Noah des Aurach-Tales.

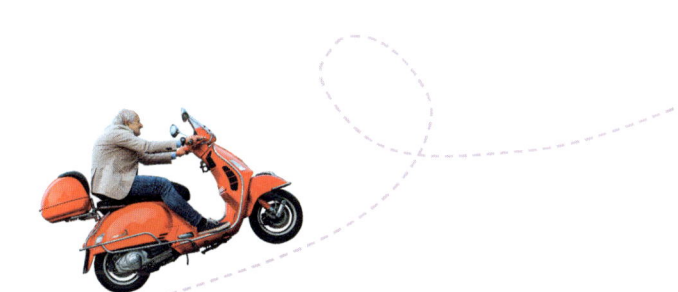

Regeln, Riten, raue Nächte

Museum Ebensee,
Kirchengasse 6, 4802 Ebensee

Brauchtum als Bindeglied zwischen Gestern und Heute stellt jene kulturelle Identität dar, die dazu beiträgt, moralische Werte in Form überlieferter Traditionen festzuschreiben. Es steht nicht nur in engem Kontext mit Natur und Religion und bekräftigt zeitgeschichtliches Bewusstsein, es schenkt darüber hinaus ein Gefühl von Zusammengehörigkeit. Ethische Werte fungieren als Brückenschlag zwischen den Generationen. Für die Begriffe „national" und „nationalistisch" aber braucht es eine klar definierte Trennlinie. Bezieht sich „national" auf die Identität eines Kulturkreises, beinhaltet „nationalistisch" die Gefahr eines außer Kontrolle geratenen Hauruckpatriotismus, dessen überreiztes Heimatgefühl zur Dämonisierung „artfremder" Minderheiten führen kann.

Mein Aufenthalt am Südufer des Traunsees lässt mich daran denken. Zu Unrecht. Ebensee, in dem sich einst eine Außenstelle des KZ Mauthausen befand, hat seine Geschichte aufgearbeitet und präsentiert sich heute als fortschrittlich *und* traditionell. Die Vielfalt oberösterreichischer Tradition ist das Ergebnis einer komplexen Mischung aus historischen und lokalen Einflüssen. Obwohl manche Feste das Rad der Geschichte rückwärts zu drehen scheinen, bereichern sie doch in Wahrheit das Leben der Menschen wie die Steckerlfischbuden das Seeufer. Regeln und Riten sind hier nicht nur dem Folkloretourismus geschuldet, sie strukturieren das Kalenderjahr, geben Hiesigen halt und machen Zuag'rasten Spaß. Über einige dieser Bräuche staunt man nicht schlecht. Beispiele? Bitte sehr ...

Wer nah am Wasser gebaut ist, kann knapp vor Weihnachten dem seltsamen Brauch des Christbaumtauchens beiwohnen. Ein mit Lichterketten geschmückter Baum wird ins Wasser geworfen, am Grund befestigt und zu einem bestimmten Zeitpunkt per Funk illuminiert. Fremde staunen nicht schlecht, wenn sie einen im Traunsee versenkten Christbaum entdecken. Taucher und Fackelschwimmer „bergen" den beleuchteten Baum und bringen ihn zurück zum nahen Ufer. So gedenkt man der im vergangenen Jahr in Seen oder Flüssen Verunglückten.

Zu Ende der Raunächte zieht eine gewisse Frau Perchta, halb Göttin, halb Teufels Großmutter, bei ihrem Himmelsritt einen „Schweif ungetauft verstorbener Kinder" hinter sich her. Um sich vor der Wilden Jagd zu schützen, werden Haus und Hof auf Hochglanz gebracht, es wird geputzt und geräuchert, der Stall mit Weihwasser besprengt und das Vieh mit geweihtem Brot gefüttert. „Weshalb, in drei Teufels Namen?", fragt der Reisende, und die Traunviertler raunen ihm zu: „Um Gutes zu erbitten und Schlimmes abzuwenden", und dabei schielen sie ängstlich über die Landesgrenze, wo maskierte Burschen in Fellkostümen und Bockshörnern auf dem Kopf durch die Gassen ziehen, um Frauen und Kinder zu verprügeln. In Oberösterreich geht's weitaus harmloser zu: Während im Innviertel „Maschkerer" durchs Dorf tanzen, erheischen im Viechtal die „Krupf-Krupfler", als Faschingsnarren verkleidete Kinder, unter lauten „Krupf-Krupf"-Rufen von den Dorfbewohnern „Krupf'n" (Krapfen).

Das Aperschnalzen raubt pünktlich am ersten Tag des Jahres den Linzern den Schlaf: Vor dem Landhaus schwingen zipfelbemützte Mannsbilder ihre Peitschen und schnalzen dabei so laut, dass friedlich schlafende Bewohner aus ihren Betten fallen. Wer sich dabei nicht gröblich verletzt, darf darauf hoffen, auch im restlichen Jahr Schwein zu haben.

Apropos: Weshalb verputzen Menschen zu Neujahr allen Ernstes einen Schweinekopf – Steckdosennase inklusive? Angeblich schützt das vor Unglück. Und wenn nicht, dann darf man zumindest am zweiten Tag des Jahres auf eine gute Verdauung hoffen.

Am Tag des heiligen Blasius, dem 3. Februar, huldigt man im ganzen Land dem Brauch des „Einblaselns". Priester halten den Gläubigen Kerzen vors Gesicht und murmeln: „Bewahre dich der Herr vor Halskrankheit und weiteren Unannehmlichkeiten." Die Gesegneten recken die Hälse wie die Truthähne und schlucken fortan schmerzbefreit. Der heilige Blasius gilt hierzulande als Schutzheiliger der Halskranken und, nomen est omen, der Blasmusikanten. Das ist, närrische Zeit hin oder her, durchaus ernst gemeint.

Am Aschermittwoch ist Schluss mit lustig: Der Fasching geht zu Ende, die Fastenzeit beginnt. An diesem Tag finden in Ebensee zwei wundersame Bräuche statt: Fetzenverbrennen und Briaftascherlwaschen. Während bei ersterem

Wertvolle Brautschau

eine überdimensional große Fetzenpuppe abgefackelt wird – offenbar wollen diejenigen, die die verrückte Zeit allzu wörtlich nahmen, durch einen symbolischen Akt der Selbstjustiz der Strafe des Herrn entkommen –, gemahnt das Waschen des Geldtascherls am Beginn der stieren Tage an die während des Faschings verlustig gegangene Barschaft. Nach Auftrocknen des Börsels wird ab sofort wieder Flüssiges ins Trockene gebracht.

Und schließlich das „Antlassoa": Einem am Gründonnerstag gelegten und am Ostersonntag geweihten Hühnerei werden besondere Fähigkeiten nachgesagt. Am Dachboden versteckt bewahrt es vor Blitzschlag, im Feld vergraben verspricht es Fruchtbarkeit und in den Stall gehängt schützt es vor fliegenden Hexen, prügelnden Teufeln, vor Halsweh, brennenden Puppen, leeren Börseln, sogar vor faulen Eiern.

Läufer

Solcherart vorinformiert bin ich dem Brauch der Bräuche am Südufer des schönen Traunsees auf der Spur. Hoch droben am Felsen thront ein schmuckes Haus, das Museum Ebensee. Den Weg durch enge Gassen und spitze Kurven nehme ich souverän, bin ich doch mit meiner Vespa unterwegs und solcherart bereit für Sternfahrten aller Art. Heute möchte ich mehr über die bunt beleuchteten Kappenläufer des sogenannten Glöcklerlaufs erfahren, eines der spektakulärsten Rituale der Marktgemeinde Ebensee, das drüben in Ischl, Gmunden und rund um den Attersee kopiert wird, kreuz und quer also durchs oberösterreichische Salzkammergut. Diesem Brauchtum bin ich bis dato noch nicht begegnet, wiewohl die Sache theatralischer nicht sein könnte.

Frau Barbara Moser, Leiterin des Museums, erwartet mich. „Das Glöckeln leitet sich vom Begriff des Anklopfens her, einer jener ‚Heisch'-Bräuche, derer es hier in der Gegend viele gibt", erklärt sie mir, noch ehe ich Helm und Handschuhe abstreife. „Die Läufer ziehen in der letzten Raunacht, am 5. Jänner, der Nacht vor Dreikönig, von Haus zu Haus und heischen um eine Gabe, die sie sich aber erst verdienen müssen. Als Gegenleistung nämlich führen sie Späße auf, tanzen oder singen. Heute steht der Umzug

124

per se im Mittelpunkt, und der ist so farbenprächtig, dass er schon alleine deshalb den Griff ins Portemonnaie rechtfertigt."

„Wie viele Menschen sind da unterwegs?", frage ich, während wir ins Haus gehen und an einem Besprechungstisch Platz nehmen.

„Das ganze Dorf", sagt die Museumsleiterin. „Zu den über siebentausend Einwohnern kommen Busladungen von Fremden."

„Und die spenden alle?"

„Über Umwege. Die Region lebt vom Fremdenverkehr."

Der Spätsommer fällt heuer nicht allzu milde aus. Trotzdem die Oberfläche des Traunsees mit funkelnden Diamanten übersät ist, fröstelt es mich. Kein Wunder, die Mauern des ehemaligen Verwesamtes sind dick. Müssen sie auch sein, beherbergten sie doch bis Mitte des 19. Jahrhunderts vieles unter einem Dach: die Salinen- und Forstverwaltung, das Polizeikommando und das Richteramt. All dies vereinte der sakrosankte Herr Bürgermeister in seinen Amtsräumen. Heute ist das Haus vollgefüllt mit Brauchtum. Sogar Frau Moser erscheint mir plötzlich wie eines jener unzähligen Exponate, die Auskunft geben über Regeln und Riten der Region.

Früher zogen die Glöcklerläufer die Kopfbedeckungen vollständig über das Gesicht, während sie vor den Häusern ihre Possenstücke aufführten. Betteln sollte anonym bleiben. Später baute man Kappen aus Pappkarton, um die Tänzer noch mehr zu verhüllen, bis schließlich die Hüte größer wurden als die Läufer selbst.

„Weshalb war das ‚Heischen' gerade hier so populär?", frage ich und stoße bei unserem Rundgang durch das

Museum mit einer weiß gewandeten Puppe zusammen, die eine dieser riesigen Kappen trägt.

„Vielleicht, weil in Ebensee die Bevölkerung arm war. Bei uns wohnten die Holz- und Salinenarbeiter, in Bad Ischl waren die Adeligen zu Hause, in Gmunden die Bürgerlichen. Hier, mittendrin, schufteten die Hackler."

„Erklärt das auch Vereinsmeierei innerhalb der Gemeinde?"

„Es gab immer schon eine Art Zusammengehörigkeitsbedürfnis", erklärt Frau Moser. „In Ebensee existieren nach wie vor einhundertvierundfünfzig Vereine. Vom Bootshüttenverein bis zu den Goldhaubenfrauen, von den Landesbienenzüchtern bis zu den chorsingenden Kohlröserln, vom Hochzeits- bis zum Salzkammergutverband der Vogelfreunde."

Hoch oben, am Dachboden, liegt einer der farbenprächtigsten Räume, den ich je sah. Das Licht ist gedrosselt, die schönsten und ältesten Glöcklerkappen sind indirekt beleuchtet. In allen Farben funkeln sie – als ob ich im Palast von Konstantinopel wäre, dessen Wände mit prächtigen Gold- und Silberintarsien geschmückt sind. Als blickte ich in einen Zauberbrunnen, auf dessen Grund sich der Glanz von Turmalinen und anderen edlen Steinen widerspiegelt.

Frau Moser taucht unmittelbar hinter mir auf, weswegen ich erschrecke, ich habe mich in der Pracht des Raumes verloren. „Wie schwer sind die Kappen?", frage ich, um den peinlichen Moment zu überspielen.

Sie lacht: „Das ist nur was für g'standene Männer ..." Große Holzgestelle stehen herum, bezogen mit Buntpapier. Die bizarren Muster bestehen aus Rauten, Kreisen, Symbolen und Bildern. Innerhalb der mit Holz und Metallschienen verstärkten Aufbauten sind Kerzen angebracht, die die riesigen Hüte von innen beleuchten. Der irisierende Lichtschein verleiht ihnen den Anschein, als schwirrten Abertausende Glühwürmchen über den Köpfen der weiß gewandeten Träger (was vermutlich an ihre einstige Tätigkeit, die Gewinnung von Salz, erinnern soll), die erst dann ihren Tanz beenden, sobald milde Gaben in den Taschen der Begleiter verschwinden.

Mann mit Hut

Bräuche bewirken Wunder – besonders, wenn man daran glaubt. Und wenn nicht, dann hilft man eben nach. Zum Beispiel, indem man das Licht löscht. In der Nacht des Glöcklerlaufs ist die Straßenbeleuchtung ausgeschaltet. Sobald die ersten „Passen" (Gruppen bis zu zwanzig Läufern) durch die Straßen tanzen, beleuchten die Kappen die gespenstig-schöne Szenerie. Kuhglocken, an den Gürteln der Männer befestigt, machen Lärm.

„Jeder Ebenseer ist ein potenzieller Läufer", sagt Frau Moser.

„Und die Frauen?", frage ich. Frau Moser hat die Frage erwartet: „Seit 2010 rennen wir auch mit. Wo denken Sie hin?"

Das Fettnäpfchen ist noch nicht erfunden, in das ich nicht tappe.

„Laufen fördert die Gemeinschaft", sagt die Museumsdirektorin und steigt leicht indigniert, wie mir scheint, in den Lift nach unten.

Zurück im Besprechungsraum ist es beinahe schon finster. Die untergehende Sonne schickt ihre letzten Strahlen durch die kleinen Fenster, als verabschiedete sie sich mit einem über die Bodenbretter fallenden Linienmuster für diese Nacht. Ich blicke über gedrungene Häuser, kleine, von Straßenlampen schwach beleuchtete Plätze. In den meisten Fenstern brennt bereits Licht. Und plötzlich sehne auch ich mich nach jener Gemeinschaft, deren Zusammenhalt sich aus der gemeinsamen Vergangenheit erklärt. Ebensee hat sie: ein alle Sinne betörender Umzug Weißgewandeter, umringt von jenen Einheimischen, die auch im nächsten Jahr wieder mit von der Partie sein werden – ergänzt durch jede Menge Zuag'raster, die alle die irrlichternde Schönheit dieses Brauches bestaunen. Während beleuchtete Kopfkronen durch die Gassen tanzen, herrscht ringsum Nacht im Dorf. Einzig der Schein der Glöcklerläufer erhellt dann die winterliche Welt. Brauchtum ermöglicht auch dieses Wunder. Bis vor einer Stunde wusste ich davon noch nichts. Ich werde, ich muss wiederkommen. Und ich werde, ich muss es weitererzählen. Versprochen.

Das weiße Pferd

Romantikhotel *Im Weissen Rössl*,
Markt 74, 5360 St. Wolfgang im Salzkammergut

arum nicht?", fragte ich mich, als ich auf der Suche nach Menschen, Geschichten und Klischees durchs Land brauste und bei einem *der* Aushängeschilder im oberösterreichischen „Salz-kamma-gut-da-kamma-gut-lustig-sein-Angebot" am schönen Wolfgangsee von der Vespa stieg. „Warum nicht ein Päuschen einlegen?", fragte ich weiter, „ein Schnitzerl oder ein Seeforellerl eignen sich bestens als kleine Vorortrecherche."

Die Sonne schien, das Wasser war blau, die Terrasse voll von Gästen und meine Laune war bestens. Das Romantikhotel und Restaurant *Im Weissen Rössl*, ein in fünfter Generation von der Familie Peter geführter Verwöhntempel der Extraklasse, hat es vor über einem Jahrhundert zu Starruhm gebracht.

Als Regisseur hatte es mich immer schon gereizt, meine Bühnenpranke an jenem gleichnamigen, quietschfidelen Lustspielklassiker zu versuchen – allerdings musste ich erst ein eigenes Theaterhaus überantwortet bekommen, ehe ich mich in den Stall wagte, um den alten Gaul zu satteln.

Am 14. Dezember 2012 war es endlich so weit, und das Glück stand auch vor der Tür des Wiener Volkstheaters, die *Rössl*-Wirtin schloss ihren braven Oberkellner Leopold in die Arme und der alte Backenbart segnete, was es zu segnen gab – die Premiere meiner Inszenierung des *Weißen Rössls*. Der Abend wurde zum wiehernden Erfolg. Tout Vienne lachte über meine Version des Gassenhauers – eine zugegeben etwas radikale Erzählweise, die prompt zwischen allen Stühlen landete: Die ewig Gestrigen rümpften ihre gepuderten Nasen, und die Herren und Damen Kritiker waren einigermaßen ratlos. Meine gut gemeinte Inszenierung geriet zum Gegenteil von „gut", zumindest aus Sicht der veröffentlichten Meinung.

Alles begann im Sommer 1897. Oscar Blumenthal, gefürchteter Theaterkritiker und Direktor des Berliner Lessingtheaters, gemeinsam mit Gustav Kadelburg Autor zahlreicher Schwänke, verbringt wie jedes Jahr die Sommerfrische im Salzkammergut. Sein jüngster Bühnenhit ließ die Kassa klingeln, in der kommenden Spielzeit gedenkt er den Erfolg zu toppen. Goldonis Komödie *Mirandolina*, in der eine resche, von Männern begehrte Frau Wirtin ihren Oberkellner zum Mann nimmt, erscheint ihm als der ideale Stoff. Da er die Story in der Umgebung seines Urlaubsdomizils ansiedeln möchte, muss eine adäquate Bearbeitung her. Vorbild für Titel und Location ist sein Lieblingslokal, der kleine Gasthof *Zum Weißen Rössl*, ganz in der Nähe seines Bad Ischler Domizils.

Noch im selben Jahr, am 30. Dezember, feiert das *Rössl*-Lustspiel in Berlin seine Uraufführung. Der Erfolg ist überwältigend. Bereits am nächsten Tag stürmen die Berliner die Reisebüros, um im zauberhaften Salzkammergut ihr Sommerquartier zu buchen. Im nahen Ischl kommt man gar

Eintritt zur Glückseligkeit

nicht auf die Idee, den Erfolg des Lustspiels zu nutzen, man hat ja den alten Herrn Kaiser, dessen regelmäßige Besuche den Fremdenverkehr florieren lassen. Nur eine gewisse Antonia Drassl, Wirtin des gleichnamigen Gasthauses im fernen St. Wolfgang, erkennt das Potenzial des Bühnenhits, heftet sich ein paar fremde Federn an ihr Hütchen und gibt sich fortan als dramaturgisches Vorbild aus. Das ist der Moment, da das *Rössl* in St. Wolfgang seinen Stall bezieht und für alle Zeiten Heimatrecht bekommt – hier und nirgendwo anders.

Bis weit in 1920er-Jahre hielt sich das Stück im Berliner Repertoire. Schauspieler wie Alexander Girardi und Lucie Höflich feierten darin Triumphe. 1926 wieherte das *Rössl* sogar am Wiener Burgtheater, zwei Jahre später galoppierte es quer durchs Deutsche Theater Berlin, mit Gustaf Gründgens und Marianne Hoppe im Sattel. Die noch junge Filmindustrie schnupperte den Braten und brachte eine Verfilmung mit Max Hansen und Liane Haid in die Kinos. Das Lustspielleichtgewicht hatte es zu veritablem Starrummel gebracht, auch dank der tüchtigen Frau Drassl, die am Ufer des Wolfgangsees unermüdlich die Werbetrommel rührte. Die Weltkarriere des weißen Pferdes aber war damit noch nicht gemacht. Dazu brauchte es eine besondere Begegnung.

Sommer 1930. Auf der Seeterrasse des *Weißen Rössls* trafen einander die beiden Größten der damaligen Unterhaltungsindustrie zum Mittagessen: Emil Jannings, der wie viele andere Künstler am Wolfgangsee übersommerte und in Frau Drassls Gasthof seinen Stammtisch hatte, und der Berliner Revue-Zampano Erik Charell, in dessen Westentascherl dank seinen Ausstattungsrevuen ein prall gefülltes Portemonnaie steckte. Charell hielt Ausschau nach einem neuen Kassenschlager. Man plauderte über dies und das, Charell betrachtete sinnierend das Gasthausschild des kleinen Lokals, hielt seine Nase in den Wind und griff zum Telefon. Bereits am nächsten Tag landete eine Textneufassung auf seinem Nachttisch. Er überflog den flachen Inhalt und griff erneut zum Hörer. Diesmal wählte er einige Nummern. Kurz darauf saßen die Librettisten Hans Müller und Robert Gilbert, nebst den Wiener Komponisten Ralph Benatzky, Robert Stolz und Bruno Granichstaedten, allesamt Stars im Revuegewerbe, in seinem Berliner Büro.

Die glanzvolle Premiere fand am 8. November 1930 im Großen Schauspielhaus statt. Ein Heer von Mitwirkenden vor, auf und hinter der Bühne: siebenhundert Personen, davon vierhundert Komparsen. Auch darstellerisch fuhr Charell das Maximum auf: Max Hansen, Trude Lieske, Siegfried Arno, Camilla Spira, Otto Wallburg und der junge Paul Hörbiger in der Rolle des Kaiser Franz Joseph. Ein (relaunchierter) Welterfolg war geboren. Von Berlin aus fegte das frisch gestriegelte Pferd nicht nur über deutsche Bühnen, Aufführungen in London, Wien, Paris, New York (*White Horse Inn*) folgten. Es hagelte Verfilmungen. Und Triumphe. Die Stars Johanna Matz, Waltraut Haas, Vico Torriani, Peter Alexander, Johannes Heesters tanzten über die Leinwand. Und sogar der Porneur vom Dienst, Franz Antel, steuerte seine eigene pikante Version bei.

Die Gründe für den internationalen Erfolg waren und sind
immer noch simpel, aber effek-
tiv: die farbenfroh-pralle Exo-
tik des Salzkammergutes, die
komödiantische Handlung, die
zündenden Melodien und die
guten Rollen. Die Schauspieler delektierten sich daran und
die Direktoren rieben sich die
Hände – von den Zusehern ganz

Ein Pferd geht um die Welt

zu schweigen. Die fanden, was
sie suchten: Das *Weiße Rössl*
bot Abwechslung vom grauen Alltag. Charells massen-
taugliches Produkt lieferte ein perfektes Stück Illusion,
denn hinter der folkloristischen Fassade des beginnenden
„Anschluss"-Österreichs verbarg sich jener blutige Ernst,
der 1938 dafür sorgte, dass die Autoren der Operette vor den
braunen Reiterhorden über den halben Erdball flüchteten.
Zunächst war es die touristische Invasion der Reichsbrüder,
erfüllten doch die stramm-deutschen Sommerfrischler, um
mit Qualtinger zu sprechen, ihre Funktion als „Rohstoff- und
Devisenbringer" und stellten ihre Nutzbarmachung für die
Volkswirtschaft erfolgreich unter Beweis.

Auch die neue politische Führeretage sollte sich wenig
später im Salzkammergut einfinden. Die liebliche Gegend
diente aber beileibe nicht nur als Urlaubsparadies, sie wurde für kriegswichtige Zwecke genutzt. 1943 wurde in
Ebensee, ganz in der Nähe des Operettenschauplatzes, ein
Außenlager des Konzentrationslagers Mauthausen errichtet, in dem Zwangsarbeiter Höhlen für unterirdische

133

Raketenproduktionsstätten aushoben. Unzählige Menschen kamen dabei zu Tode – gequält, vergewaltigt, ermordet.

Später, in der Zweiten Republik, wollte man davon nichts mehr wissen: Verdrängen war die Parole der Nachkriegsstunde. Ein neues, frisch-fröhliches Österreichbild musste her. Nicht von ungefähr wurde erneut das fröhliche Pferd vor den restaurativen Heile-Welt-Karren gespannt: mit seiner übersteigerten Naturidylle, den der Lächerlichkeit preisgegebenen „Piefkes", den lemurenhaften Pauschalreisenden, den simplifizierten zwischenmenschlichen Konflikten und nicht zuletzt dank eines Operettenkaisers, der in seinem großen Solopart dazu aufforderte, sich hübsch zu „beugen, zu fügen, recht bescheiden zu sein" und bloß nicht nachzudenken, sondern „hinzunehmen und weiterzumachen". Das Selbstverständnis des jungen, hoffnungsfrohen Nachkriegsösterreichs als Naturreservat und Freilichtmuseum sollte mithelfen, das in jeder Beziehung geschwächte Land für zahlungskräftige Touristen wieder attraktiv zu machen. Vergessen wir endlich den dunkelbraunen Lapsus, den uns andere ins blütensaubere Nest gelegt haben, und lasst uns Hand in Hand mit beliebten Stars über kolorierte Blumenwiesen tanzen. Der Fremdenverkehr erwies sich in den Fünfzigerjahren als identifikationsstiftender Faktor: Die Zweite Republik wurde zu einem frisch gebackenen, mit brauner, alkoholgetränkter Masse gefüllten rosaroten Punschkrapferl.

Das und nichts anderes hatte ich in meiner Version des Lustspielklassikers inszeniert. Das und nichts anderes aber wollten die Damen und Herren Abonnenten und Beckmesser nicht sehen. Auch beinahe siebzig Jahre nach der Apokalypse konnte oder wollte man der Wahrheit nicht ins Pferdegesicht sehen.

TIPPS

Niemals vergessen!

Steyr:
Im Museum Arbeitswelt befindet sich der von KZ-Häftlingen im Auftrag der Rüstungsindustrie errichtete Lambergstollen als ein „Stollen der Erinnerung". Wehrgrabengasse 7, 4400 Steyr

Gusen:
Memorialbau in Form eines Betonkubus um die ehemaligen Krematoriumsöfen des KZ Gusen. Georgestraße 7, 4222 Langenstein

Ebensee:
Gedenkstätte des ehemaligen KZ Ebensee: Friedhof, Haupteingang, Stollen, Löwengang – „Vom Vergessen zum Erinnern". 4802 Ebensee

Mauthausen:
Mahn- und Gedenkstätte des größten Konzentrationslagers der Nationalsozialisten auf dem Gebiet Österreichs. Erinnerungsstraße 1, 4310 Mauthausen

Das Dirndlparadies

**Gasthof zum Seewirt,
Zellhofweg 1, 4893 Zell am Moos**

Wer nichts wird, wird Wirt. Wer gar nichts wird, wird nicht Wirt. Und wer nicht mal das wird, wird erst recht Wirt." So oder ähnlich lautet ein alter Sinnspruch im Gastgewerbe. Aber wie das so ist mit Redensarten, sind sie oft die Serviette nicht wert, auf der sie geschrieben stehen. Die folgende kleine Geschichte erzählt von einer Wirtschaft, die neben Fisch-, Fleisch- und Zwischendurch-schmankerln jede Menge Empathie und Begeisterung für ihre Gäste bereithält. Das ist keineswegs die Norm. Jedenfalls nicht in dem Maße wie im vorliegenden Fall.

Der Seewirt in Zell am Moos ist vor allem eines: eine Wirtin. Und das seit Generationen.

„Wir waren immer schon Mädels. Immer!", beginnt Johanna Enzinger ihren Monolog über Liebe, Lust und Leidenschaft des Wirtsgewerbes. Wenn's ums Bettenmachen ging, waren im männerdominierten Gastschenken- und Hotelfach natürlich immer Frauen an vorderer Front anzutreffen. Hier aber, in der Seewirtschaft, schwangen seit Menschengedenken Dirndln das Zepter in Küche und Kontor, genau genommen seit die Urgroßmutter zu Kaisers Zeiten hier eingeheiratet hat. Apropos Dirndl: Das trägt die Dame des Hauses, seit sie auf der Welt ist. Manche behaupten gar, dass die kleine Johanna damit schon in der Wiege lag. So lange habe ich zwar noch nicht das Vergnügen, sie zu kennen, aber jedes Mal, wenn ich zu Gast war, trug sie eines jener Trachtenkleider, die die Gegend bunter und die Trägerin (noch) attraktiver machen.

Wer immer das Glück hat, bei der Zell am Mooser Seewirtin einen Platz zu ergattern, hat das große Los gezogen. Besonders zur Festspielzeit, wenn am benachbarten Domplatz dösende Zuseher von schrillen „Jedermann"-Rufen geweckt werden, braucht's nachher zur Nervenberuhigung ein Plätzchen auf der Seeterrasse. In Erwartung eines kulinarisch gediegenen Abendmahls schwellen Gaumen und Gusto, und selbst wenn man sich noch so fest vornimmt, heute statt drei Semmelknöderln nur zwei, statt zwei Schweinshaxerln nur eines zu vertilgen, spätestens dann, wenn der Hungrige von der Speisekarte in die blauen Augen der Wirtin blickt und wieder retour, verschwinden die Vorsätze unter der Tischplatte, woselbst der Hemdknopf von der Taille springt. Besonders zur Sommerszeit, wenn das Schlemmervolk am Bootssteg Platz nimmt, um vom traditionellen Spanferkel zu kosten, rückt Mann gerne in Richtung Tischkante, um das fehlende Knopferl wie beiläufig zu verbergen.

„Wem gehört eigentlich der See?", beginne ich das Gespräch, das der Herr Wirtssohn schon vor geraumer Zeit eingefädelt hat – der Terminkalender der Frau Mutter ist noch voller als der des Reisenden. Es ist neun Uhr früh, am Stammtisch steht der Frühstückskaffee, die Farben des Dirndls leuchten, und die Wirtin strahlt.

„Das Wasser gehört einem Konsortium – all jenen, die einen Anteil daran gekauft haben."

„So einfach ist das?", frage ich.

„So einfach!", bestätigt Frau Johanna. „Zum Glück ist ein gewisser Herr Bodin, dem der See einst gehörte, nie Zell am Mooser Ehrenbürger geworden. Aus Ärger darüber hat er kurzerhand den See verkauft. Ein paar Angler haben zugeschlagen, und auch andere, darunter mein Herr Papa. Sechstausend Schilling hat der Anteil gekostet. Seebesitz aber war auch damals schon nicht gleichbedeutend mit Seezugang – den ermöglicht nur der Landbesitz entlang des Ufers", erklärt die Wirtin, und dabei strahlt sie nur noch mehr. „Je älter ich werde, desto intensiver empfinde ich das Glück, hier leben zu dürfen. Das Wasser, das Land, das Haus, die Gäste."

Letztere können sich sehen lassen. Die meisten der Festspielstars haben bei der Seewirtin längst ihren Ehrenmeldezettel unterschrieben – was heißt, sie kommen wieder, als wären sie hier zu Hause. Sind sie ja auch. Im Sommer geht das Haus über vor Künstlern und Trabanten. Spätestens nach der Leberknödelsuppe wird gegafft und begafft, gegrüßt und begrüßt, Autogramme wandern von Tisch zu Tisch, und manch nettes Wort verbleibt im Poesiealbum der Party-Crasher. Die Wirtin drückt bei all dem ein Auge zu, und die Stars und Möchtegernstars lassen sich's gefallen, ist doch das Bad in der Gunst ihrer Bewunderer mindestens so erfrischend wie das im See.

„Angefangen hat es in den 1990er-Jahren mit dem großen Regisseur Peter Stein. Er ist täglich auf der Terrasse

Die Seewirtschaft

gesessen, hat Fisch gegessen, ein Achterl getrunken und vertraute Gespräche mit anderen Festspielstars geführt. Einen diskreteren Gast hat es hier nie gegeben. Am nächsten Tag war er wieder da. Am übernächsten auch. Und peu à peu kamen auch die anderen. So viele Schauspieler hätte er gar nicht engagieren können, die da plötzlich aufgetaucht sind. Hat er auch nicht. Der feine Herr Stein war immer nur Gast wie jeder andere auch. Darauf legte er Wert. Die wahren Stars brauchen keine Remasuri um sich, man sieht ihnen ihr Ausnahmetalent nicht einmal an."

Natürlich war das Wirtshaus am See immer schon ein Magnet für Adel und Adabeis: Waechter, Schweiger, Reincke, Mangold, Schenk und wie all die Bühnenexzellenzen hießen und heißen, gefolgt von ihrer sonnengebräunten Tischgesellschaft. Viele haben sich am See angesiedelt oder haben es zumindest versucht – angeblich

Im Paradies

gab es einmal eine Zeit, in der ein Stück Land am Irrsee noch leistbar war. Die Nähe zum Sommerpfusch war halt immer schon bestechend. Mit Recht gehört das Gasthaus der Frau Enzinger auch heute noch zur Außenstelle des Festspielbezirkes. Hier verkehrt, wer *in* ist – oder es zumindest sein möchte. Untertags trifft man sich auf der Salzachterrasse des Café *Bazar*, nachmittags in einem der Biergärten in der Nähe des Domplatzes, und wenn der Hunger übermächtig wird, zieht man hinaus aufs Land, und kaum dass die Reinanken, Zander und Saiblinge aus dem See hüpfend auf den Tellern der Seewirtin landen, verfügt man sich vor Ort, isst, trinkt und delektiert sich am neuesten Probenklatsch, so lange und so ausführlich, bis pünktlich am nächsten Morgen wieder der kleine Braune im Café *Bazar* am Stammtisch der Damen und Herren Künstler steht und sich das Schwungrad erneut in Bewegung setzt.

140

„Bei mir haben sich alle getroffen. Immer. Und ich habe sie alle gerne gehabt. Das tu ich übrigens immer noch", sagt die Wirtin, erhebt sich und bringt mir die nächste Schale Gold.

„Was wissen Sie, was andere nicht wissen?", stelle ich ihr die heikelste aller Friseurfragen, und die Antwort lautet: „Alles. In der Früh mach ich die Praxis auf und nach Mitternacht sperr ich zu. Alles muss ich können, alles darf ich wissen. Ich bin Ratte und sinkendes Schiff zugleich. Jedes Wehwehchen meiner Freunde tut mir selber weh. Eigentlich bin ich ja die Betriebsdirektorin der Festspiele." Der Unterschied ist nur, dass von hier nichts nach außen dringt.

Frau Johanna Enzinger, die Menschenversteherin, ist diskret wie eine Ärztin, gewitzt wie eine Agentin und verschwiegen wie eine Auster. Nebenbei ist sie Chefin aus Leidenschaft, Hotelière aus Berufung und Wirtin von Geburt.

„Haben Sie nie einen freien Tag?", frage ich.

„Nie", sagt sie. „Die Renée Schenk hat mir einmal den Ruhetag verboten."

„Weshalb?", frage ich.

„Weil sie sich ihn nicht merkt, hat sie g'sagt. Eine fadenscheinige Ausrede."

Ich trete hinaus auf die Terrasse. Der See liegt da wie ein glitzerndes Band. Die Wiese zwischen Haus und Ufer ist grün, dass die Augen schmerzen, die Feldblumen leuchten in der Dirndlfarbe der Frau Wirtin. Weit draußen, in einem Fischerboot, hockt ein Angler. Am Ufer genießen ein paar Spätsommerfrischler den Altweibersommer. Einer von ihnen kämpft sich aus seinem wackeligen Liegestuhl

Frau Johanna,
geborene Wirtin

heraus und steigt mit bloßen Füßen ins kühle Nass. Mich fröstelt schon beim bloßen Anblick. Zwar ist der September heuer so schön wie noch nie, dennoch ist das Wasser saukalt.

„Der Fatty George ist einmal in einem Boot draußen am See gesessen und hat Klarinette gespielt. Ein Bild, das ich nie vergessen werde. Damals ist mir bewusst geworden, wie wohl sich meine Gäste hier fühlen."

Ich habe gar nicht gemerkt, dass die Wirtin plötzlich neben mir steht. Offenbar schon einige Zeit. „Wie lange wollen Sie den Gasthof noch führen?", frage ich.

„Darauf gibt's zwei Antworten", sagt sie, „den Gasthof werde ich eines Tages abgeben. Aber bleiben werde ich auf ewig. Hier genieße ich das Leben – wie überall zwar, aber hier besonders. Wie arm sind die Menschen, die nicht nach ihrem Gefühl leben. Der Luxus meines Lebens sind all die Begegnungen mit den wunderbaren Menschen, die mich besuchen kommen. Ich darf von ihnen lernen. Künstler sind besondere Menschen. Sie erklären einem die Welt. Und wir dürfen ihnen zuhören. Ein Leben lang. Gibt es etwas Schöneres?"

Die Wirtin überquert die Wiese in Richtung Seeufer. Ich blicke ihr nach, lange, so lange, bis die Farben ihres

Kleides mit denen der Wiese verschmelzen. Goldenes Licht umfasst ihren Körper. Einen Moment lang bin ich geblendet. Ich schließe die Augen. Als ich sie wieder öffne, ist sie verschwunden. Oder ist sie auf den Badesteg hinausgetreten, den ich von hier nicht einsehen kann? Und während ich zu meiner roten Vespa zurückgehe, die neben dem Haus parkt, höre ich aus dem geöffneten Küchenfenster ihre resolute Stimme: „Wir besprechen die Abendkarte, wenn's recht ist. Heute gibt's Wildragout, Spanferkel, Kaiserschmarrn, Salzburger Nockerln …"

Auch heute Abend wird sie sich um ihre Gäste kümmern, Bestellungen aufnehmen, in die Küche eilen und mit ein paar lustigen Anekdoten wiederkommen. Und nach dem Essen wird sie ihren Gästen zuhören, sie glücklich machen und sie mit der Diskretion ihrer immerwährenden Freundschaft beschenken. Ich starte die Rote und lasse das Dirndlparadies hinter mir. Natürlich werde auch ich wiederkommen. Bald. Bevor es verschwunden ist. Denn das haben Paradiese manchmal so an sich.

Winkelmeier Franz, Riese

Riesenmuseum Lengau,
Lengauer Hauptstraße 22, 5211 Lengau

Ein Mensch wächst und wächst und wächst, bis er seiner Welt über den Kopf wächst. Nicht schwer, denn die reicht nicht weiter als vom Geburtshaus bis zur Kirche hinüber. Und wieder zurück. Und dafür braucht der Winkelmeier Franz nur ein paar Schritte. Mit vierzehn sind seine Beine so lang, dass sie beinahe bis zum Altartisch reichen. Ins Bett passt er schon lange nicht mehr hinein, denn … „Essen tut er für a ganze Kompanie!", sagt die Mutter, „der Sohn braucht ja scho' olloa an ganzen Sechter voll." Damit meint sie den Trog, den der Bauer fürs Tränken der Rindviecher verwendet.

Wenn der Franz zur heiligen Messe will, muss er sich tief bücken, um unter der Kirchentür hindurchzuschlüpfen. So huldigt er dem Herrn. Mit dem Aufstehen tut er sich dann halt schwer, so sehr schmerzen ihn die Gelenke. Die Kinder lachen sich zu Tode, wenn sie ihn auf der Straße sehen. Sie rufen ihm nach, er möge sich gefälligst davonscheren auf seinen langen Haxen. Kinder sind grausam gegen die, die aus der Art schlagen. Der Franz beginnt zu leiden unter seinem Lulatschleben. Man darf die anderen halt nicht überragen um ein paar Köpf'. Zum wohlgelittenen Dörfler nämlich braucht's mehr als nur Größe. Aber wie soll man das machen, wenn's einem der Herrgott nicht in die Wiege gelegt hat? Wenn Franz am Sonntag im Wirtshaus bei der Suppen hockt, sagen die Burschen: „Lass dich abmessen! Taugst eh fürs Mädl?" Und wenn er dann aufsteht und mit dem Kopf gegen die Zimmerdecke stößt, gibt's immer ein Grölen, dass man's bis hinüber hört, ins Nachbardorf. Die Wahrheit ist, fürs Mädl taugt's beim Franz wirklich nicht.

Der Klammerschneider, ein gewiefter Fuchs aus dem nahe gelegenen Friedburg, wird jedes Mal aufgeschreckt durch den sonntäglichen Radau in Lengau. Eines Tages taucht er beim Wirten auf, setzt sich zum Franz und redet ihm die Ohren voll. Geld könnt' man machen, schönes Geld, bis er die Hosentaschen voll davon hat. Wäre das nichts? Auf die Jahrmärkt' könnt' er gehen und sich zeigen lassen, und die Weiber täten vor ihm liegen, scharenweise, besonders die welschen, weil die stehen auf Langhaxerte, das wisse er aus Erzählungen. Und der Mutter könnt' er gutes Geld schicken für ein besseres Leben. Der Franz nickt begeistert, und dann nimmt ihn der Klammerschneider flugs unter die Fittiche, bevor's ein anderer tut.

„Hast eh immer Hunger, du Notnagel", lacht er, und nachdem der Franz den Kontrakt mit seinen klobigen Fingern unterschrieben hat, hilft ihm der Klammerschneider auf den Leiterwagen hinauf, den er vorm Wirtshaus abgestellt hat, und zieht ihn von Bude zu Bude, wie er's versprochen hat. „Treten Sie näher, die Herrschaften! Staunen

Sie über diese Kreatur! Der Riese von Lengau! So hoch wie der Kirchturm! Zwanzig Gulden, und die Kinder zahlen die Hälfte!"

Dann steht er da, der Franz, in seinen vor Angst ang'schissenen Hosen und leutscheu obendrein, der Schreihals stupst ihm mit einer Stange die Arme in die Höh', und während die Zuschauer lachend unter ihnen durchmarschieren – manche stellen sich gar auf die Zehen, um die riesigen Pratzen zu erreichen –, spielen die Buben „Räuber und Schanti" zwischen seinen Wadeln, und die Mädchen halten sich die Nasen zu und laufen davon.

Quer durch Europa hetzt der Klammerschneider aus Friedburg den Riesen – von Varieté zu Varieté, von Hauptstadt zu Hauptstadt, gemeinsam mit den Löwenbändigern, Feuerfressern und Schwertschluckern, und sogar das unterleiblose Haarmonster ist manchmal dabei. So ziehen sie über die Straßen – so lange, bis der Franz gar vorm Thron der englischen Königin landet. „Ich möchte eich fragen", schreibt er an seine Mutter, „wen ich das glik habe und gesund bleibe wen ich den ersten Tausenther schiken sol und vreie mich schon bald einen 1000 Guldenschein zum sehen (...) Ich schlise mein schreiben mit vielen Grisen an dich Mutter und Geschwistert und Schwegerinen und verbleibe dein Dank schuldiger Son und eier Draer Bruder und Schwager. Winkelmeier Franz, Riese."

Ausgeweidet wird der Riese wie ein Tier. Kein Wunder, dass er eines Tages strauchelt. Viel zu früh nimmt sein Leben ein Ende. Die Dörfler legen seinen Kadaver in eine lange Kiste hinein und verscharren ihn am Friedhof. Weil aber das Grab in den Weg hinausragt und der Herr Pfarrer jedes Mal, wenn er in die Kirche will, darüber stolpert, graben sie den

Riesen wieder aus – auch weil sich in der Zwischenzeit Wissenschaftler für dessen Skelett interessieren. Den Dörflern fährt der Stolz um ihn in die Glieder. Sie waschen die Knochen und legen sie im Kirchengang zum Trocknen aus. Wieder und wieder vermessen die Herren Doktoren das, was vom Franz übrig blieb. Dann wird der Knochenhaufen erneut in eine Kiste gebettet, diesmal aber neben der Kirchenmauer, sodass der Herr Pfarrer nicht wieder drüberfliegt.

Budenattraktion

Geschäftemacher wittern ihre Beute. Und da sich immer mehr Leute für das ehemalige „Monster" interessieren, baut der blade Gastwirt die Berühmtheit als Puppe nach, damit sie einen Blickfang für sein Gasthaus abgibt. „Riesen-Knödel" gibt's jetzt zum Essen, und „Riesen-Schnitzel" und „Riesen-Zwetschken-röster" – denn auch nach dem Tod lässt sich mit dem Franz gutes Geld machen.

So hanebüchen die Geschichte klingt, sie ist doch wahr. Im oberösterreichischen Innviertel hat sie sich zugetragen, gegen Ende des 19. Jahrhunderts. Das Gasthaus *Zum Riesen* gibt es natürlich längst nicht mehr, und auch die Kinder von damals sind längst tot. Hätte sich nicht ein veritabler Dichter des Winkelmeier Franz angenommen und seine Geschichte erzählt, wir wüssten nichts über ihn.

147

Der wunderbare Peter Turrini verfasste nicht nur ein Opernlibretto, sondern auch einen schönen Theatertext. Und plötzlich bauten die Lengauer dem zu seiner Zeit „weltweit größten Menschen und heute noch größten EU-Bürger, der jemals gelebt hat" (© Riesenmuseum Lengau), ein Museum. Sogar einen Riesenwanderweg und einen Riesenthemenweg quer durch die Gassen des Ortes gibt es, dazu jede Menge Schrifttafeln, die an den Winkelmeier Franz erinnern.

7. September 2012. Das Wiener Volkstheater ist herausgeputzt wie immer an Premierenabenden, die Zuschauer strömen in den Saal, während der Direktor im Weißen Salon für die Ehrengäste der heutigen Galavorstellung eine Einführungsrede hält. Dann hebt sich der große rote Vorhang: Jahrmarktgetümmel. Der Riese erblickt das Licht der Welt. Löwenbändiger, Feuerfresser und Schwertschlucker, sogar das unterleiblose Haarmonster ist da. Der Schauspieler des Klammerschneider verspricht dem Franz das Blaue vom Schnürboden und bereist mit ihm die Schaubühnenwelt. So lange, bis am Ende der Vorführung der Riese tot umfällt. Der Franz-Darsteller steht auf, klopft sich den Bühnenstaub von den Hosen und verneigt sich. Die Zuschauer sind ergriffen, und der Direktor reibt sich die Hände. Applaus. Das Stück verspricht, ein Erfolg zu werden.

Die Geschichte über das Anderssein berührt auch heute noch: Die Angst des Riesen, seine Schüchternheit, seine Einsamkeit. Der kluge Turrini führt dem Publikum die Quadratur des Kreises vor. Das Leben lässt hochleben, was es tötet. Als Schauobjekt hetzen die Menschen den Riesen zu Tode, als Fremdenverkehrsattraktion erwecken sie ihn wieder zum Leben. Zum Heldenleben. Turrini erzählt

ein trauriges Märchen, ein zu-
tiefst böses. Von Ausgrenzung
handelt es, von Schmerzen,
vom Zynismus skrupelloser
Geschäftemacher, von Vor-
urteilen und von Träumen. Er
berichtet von Vereinsamung,
von Vereisung, auch von Liebe. Dichtung beginnt da, wo
Wahrheit schweigt. Turrinis
Riesengeschichte handelt von
einem, der zu groß geboren
wurde und der dies ebenso
wenig verbergen kann wie die
Frau, die er liebt, ihren Klein-

Das Riesengeburtshaus

wuchs. Eine der schönsten Lie-
besgeschichten, die jemals ge-
schrieben wurden, erblickte in meinem Theater das Licht
der Bühne. Das Stück erzählt von zwei außergewöhnlichen
Menschen, die von niemandem sonst begleitet werden als
von ihrer gemeinsamen Einsamkeit. Keine andere Liebe
gibt es in ihrer Welt, außer der, die sie im anderen entdecken. Den wahren Winkelmeier Franz hat das Leben erst
hochleben lassen, als es vorbei war.

„Nichts ist unglaubwürdiger als die Wirklichkeit."
Dostojewski hat diesen Satz geschrieben, und er steht als
Motto auf einer der Wände des Riesenmuseums. Die Lengauer, die diesem Raum Sinn und Inhalt geben, denken
die Riesengeschichte zu Ende. Sie erzählen vom Anderssein, das meist nichts mit dem zu tun hat, was innen drin
in einem Menschen verborgen ist. Im Zeitalter von Fake

News ist man daran gewöhnt, Bildern auf den Leim zu gehen, obwohl sie zumeist nur aus oberflächlicher Schraffur bestehen. Ich durchstreife den Museumsraum, der größer zu sein scheint, als er ist. Man spielt hier mit scheinbar verschobener Realität, mit einer anderen Dimension. Der Besucher kann sich mit einer Puppe messen, die die Länge des Riesen simuliert. An einer Stelle steigt man ein paar Treppen hinauf und betrachtet die Welt aus den Augen des Winkelmeier Franz. Im Lengauer Riesenmuseum versucht man die Frage zu beantworten, wie die Welt auf Äußerlichkeit reagiert. In der Wirklichkeit tat man sich lange Zeit schwer damit.

Das Theater geht mit Geschichten subtiler um. Sie werden meist fiktional erzählt, auch wenn sie wahr sind. Mit dem Publikum wird für die Spieldauer eine Übereinkunft getroffen: Zum Zeitpunkt des Erzählens wird gespielt, die Schauspieler tun „nur so, als ob". Draußen, im Weltlügengebäude, geht es anders zu: Dort werden Geschichten als real verkauft, obwohl man ihnen die lange Nase schon von Weitem ansieht. Je zurechtgeföhnter der Hohlkopf ist, desto mehr prädestinieren ihn die von Lobbyisten weichgespülten Floskeln zu höchsten, zu allerhöchsten Ämtern. Gerade oder krumm? Der Spaß an der Lüge beginnt und die Lust auf Wahrheit hat ein Ende. Was bezwecken Lügen anderes, als Menschen an die Unwahrheit zu gewöhnen, so lange, bis diese als neue Wahrheit gilt? Kinder sind zumeist klüger. Sie handeln ohne List und durchschauen Taschenspielertricks. Ihnen ist das Museum in Lengau gewidmet. Sie mögen begreifen, wozu Erwachsene längst nicht mehr in der Lage sind.

Über die Muße

Ibmer Moor, Schutzgebiet Pfeiferanger, 5142 Eggelsberg

Zwölftausend Jahre ist es her, dass der Salzachgletscher schmolz. Im südlichen Innviertel hinterließ er Moore, die die Menschen zunächst mieden, später dann zum Torfstechen nutzten. In jüngster Zeit stellte man sie unter Naturschutz. Entschleunigung lautet die Devise. Regionalität ist Profit. Das Ökogewissen ist beruhigt, und die Schädigung der Natur hält sich in Grenzen. Tourist, was willst du mehr? Heute zählen Wiese, Wald und Moor. Und deren Erhaltung.

Momente der Stille. Oft braucht es das, um Wesentliches zu hören. Augen schließen, um zu sehen. Ein Schritt zurück, zwei nach vor. Das Ibmer Moor ist der rechte Platz dafür. Entlang des hölzernen Pfades, der es durchquert, finden sich Moosbeere, Fieberklee und Besenheide, Froschlöffel, Fettkraut, Wasserschlauch. Manch ein Pflänzchen ist gar fleischfressend. Es tut sich was in hiesiger Flora, die schneller zur Fauna wird, als manch Insektlein denken mag.

Heute habe ich mich mit meiner roten Begleiterin weit vorgewagt, einen Gutteil des Weges gar mit fremder Hilfe, huckepack auf einem Lastkraftwagen. Das Moor liegt am westlichen Ausläufer des Innviertels. An der Grenze zum Salzburgischen wird mein Roller vom Transporter gehievt, und los geht die Entdeckungsfahrt. Der Himmel ist strahlend, die Temperatur moderat. Der Sommer ist nicht mehr weit. In dieser Jahreszeit gibt es nichts Schöneres, als mich meiner geschmeidigen Gefährtin hinzugeben. Mehr als ein paar Traktoren, Mähdrescher oder sonstige einschlägige Gefährte sind hier nicht unterwegs. Man grüßt sich, hält an, macht beim nächsten *Hirschen* oder *Pfarrwirt* ein Schwätzchen mit Hiesigen, isst bodenständig und hebt manch ein Gläschen Selbstgebrannten.

Das riesige Naturschutzgebiet ist der größte zusammenhängende Moorkomplex des Landes und besteht aus drei Abschnitten: Bürmoos, Weidmoos und Ibmer Moos – über zweitausend Hektar Paradies, davon allein fünfundzwanzig Hektar Wasserfläche. Hier schrumpft man, Schritt für Schritt, zum Winzling eines unüberschaubar großen Ganzen.

Ich beginne meine Wanderung in Richtung Schutzgebiet Pfeiferanger im Dörfchen Ibm. Von Weitem grüßt der idyllische Heratinger See. Ich steige zum Plankenweg hinunter und streife durch Sumpfland. Die Gegend ist ein einzigartiges Pflanzen- und Vogelreservat. Spitzt man die Ohren, sind die vielfältigsten Instrumente zu hören, die gemeinsam ein Konzert der besonderen Art bilden. Es tschilpt, unkt, tiriliert, balzt, flattert und fiepst, dass einem die Ohren übergehen. Webern, Schönberg, Krenek müssen hier vorbeigeschaut haben. Vereinzelt erklären Schautafeln die Vielfalt der Vogelbrutplätze. Im Frühjahr balzt der Große Brachvogel – nur dreißig Paare seiner Art soll es noch geben. Gleich nebenan nistet die ebenfalls vom Aussterben bedrohte Bekassine, dazu die Familien Wachtelkönig, Reiher, Kiebitz sowie der lustig gefiederte Wiedehopf.

Bachlauf im Moor

Das Moor beherbergt aber nicht nur eine außergewöhnliche Vielfalt an Federvieh, auch Vierbeiner wie Rehe und Feldhasen huschen und hoppeln durchs Unterholz. Hier wird man rund um die Uhr neugierig beobachtet, unzählige Augenpaare lugen zwischen den Gräsern hervor. Wasserfrösche und Ringelnattern bevölkern die Basis, ebenso wie Bergunken und Erdkröten, dazu Tausende hin und her hastende arbeitsame Insekten. Man muss seine Sinne schärfen, andernfalls man blind und taub durch die Wunderwelt spaziert. Nichts aber erfüllt mich so sehr mit Glück wie die Muße, die das Naturparadies dem gestressten Städter schenkt. Auf Holzplattformen sind Liegen bereitgestellt. Ich nehme Platz und betrachte die Welt rund um mich. Keine künstlich angelegten Aqua-Paradiese, Familien-Fun-Parks oder Comic-Themen-Welten vermögen mich je wieder von hier wegzulocken.

Es ist noch nicht Mittag. Die Moortiere sind längst an der Arbeit. Trappeln, Rascheln, Zirpen. Vogelstimmen vermelden lautstark Besitzanspruch an einem versteckten Gelege, eine Wasserschlange bahnt sich ihren Weg vorbei

Plankenweg

an moosigen Bachsteinen. Von irgendwo höre ich das Klopfen eines Buntspechtes. Torfmoos, Sonnentau, Birkenporling, ein schmales Bächlein umspült Äste oder Sandbänke. Geschäftige Lebewesen huschen an seinem Ufer entlang. Längst bin auch ich Teil eines natürlichen, unermüdlichen Seins. Dieser Mikrokosmos ist über jeden Interpretationsversuch erhaben und belässt es beim Wunder des alltäglichen Lebens. Ich empfinde mich als Bestandteil einer expressiven Bilderwelt, die der rätselhafte russische Maler Wassily Kandinsky auf die Leinwand gebannt haben könnte. Gegen und mit der Spur seiner Pinselstriche schlängeln sich weitere Linien über die Leinwand, einander ergänzend, zuwiderlaufend. In die Natur übersetzt bedeutet jede dieser Bahnen das Überleben einer Art.

Bin ich eingenickt? Als ich die Augen aufschlage, nehme ich ein Entlein wahr, das vom Bach heraufstakst und sich keck vor mir aufpflanzt. Ich verhalte mich ruhig, lasse aber den Blick nicht von jenem flauschigen Wesen, das mich seinerseits ins Visier nimmt. Es blinzelt mich an, unschlüssig, ob es vielleicht anderswo sein Mittagspläuschchen abhalten sollte, lässt einen Schwatzer ins Gras fallen, und ein Paar knopfrunde Augen mustern mich, welche Reaktion sein feuchter Gruß bei mir auszulösen vermag. Wir beide halten den Atem an, das dottergelbe Entlein und der schlaftrunkene Reisende, und so unterschiedlich unsere Welten auch sein mögen, das Geheimnis der Schöpfung offenbart sich uns in diesem gemeinsamen, kostbaren Augenblick als eine Art Wesensgleichheit von Tier und Mensch. Unsere Blicke verlieren sich ineinander und wir begegnen im selben, intimen Moment der unaufgeregten Muße, die über der Welt liegt.

Während ich diesem Gefühl nachhänge, ist mein kleiner Freund längst schon verschwunden. Das Bezeichnende für diesen Landstrich ist die Stille. Hier, im Ibmer Moor, begegne ich ihr. Nur der nimmt sie wahr, der sich einlässt auf die verborgene Sprache einer Welt, die immer da war und die immer da sein wird. Man muss sie nur sehen und hören wollen: die Schmetterlinge, die Krötlinge, die Moorfrösche – ja sogar ein ganz normales Entlein.

TIPPS

Tierische Tierwelt

Pferde:

Die Mühlviertler Alm ist ein
Eldorado für Pferdefreaks.
Etwa siebenhundert Kilometer
Reitwegenetz, jede Menge
Reitbetriebe, Reithotels und
Reitrasten bieten Entspannung.
Enthusiasten machen den
weitläufigen Johannesritt, ein
außergewöhnliches Erlebnis in
traumhaft abwechslungsreicher
Landschaft.

Luchse:

Eine schöne Wanderung
führt von der Anlaufalm zur
Laussabauernalm, quer durch
eine spektakuläre Berglandschaft,
in der man den Schrei des
Luchses hört. Hier, im Umkreis
des Nationalparks Kalkalpen,
liegt ein Schutzgebiet der
seltenen Tiere.

Graugänse und Waldrappe:

Im Cumberland Wildpark
in Grünau im Almtal ist nicht
nur die Konrad-Lorenz-
Verhaltensforschungsstätte
"seiner" Graugänse zu Hause,
hier staunt man auch über das
seltsame Verhalten prähistorisch
anmutender Vögel, der Waldrappe.
Wisente, Wölfe und Bären sind
auch zu sehen. Tierfreund, was
willst du mehr?

Steckerlfische:

Fische am Holzstab gibt es
praktisch an jedem der attraktiven
oberösterreichischen Seeufer.
Man gustiert, isst und macht sich
die Finger fettig. Für Fischgenießer
zu empfehlen: Forellen, Reinanken
und andere Weißfische –
geräuchert, gebraten, gegrillt ...

Mein Mostschädl

**Mostobstbaumallee,
Anton-Bruckner-Straße, 4710 Grieskirchen**

Mostschädel, der – Substantiv". Laut *Österreichischem Wörterbuch*, Gradmesser korrekter Wortologie, handelt es sich hierbei um eine (mehr oder weniger abfällige) Bezeichnung für Oberösterreicher, oft gleichzusetzen mit dem in unseren Breiten häufig vorkommenden Dick- oder Sturkopf. Angeblich geht der Schmähname auf Tiroler Lästermäuler unterhalb des Inns zurück, die die Herrschaften oberhalb der Enns einst so bezeichneten, denen sich in weiterer Folge die um keinen Flaschenkorken klügeren Wiener östlich des Weidlingbachs anschlossen. Die Frage nach dem „Warum" vermag wohl kein Mensch mehr zu beantworten. Tatsache ist, dass den armen Oberösterreichern ihr Schandname erhalten blieb – trotzdem „Mostschädln" per definitionem eigentlich aus dem nach ihnen benannten Mostviertel stammen müssten, was aber, aller Logik zum Trotz, jenseits der Landesgrenze liegt.

Eine andere Studie besagt, dass in Oberösterreich per annum dreimal so viel Most gezwitschert wird wie in Restösterreich und das Getränk dort als „Landessäure" bezeichnet wird. Wo also hängt der Apfel eher am Baum als eben hier? Tatsache ist, die Mostschädln tragen ihre Mostschädl stolz wie eine Trophäe mit sich herum, hat sich doch der Obstwein längst zum identitätsstiftenden Exportschlager entwickelt. Was dem Weinviertler sein Staubiger, dem Piefkinesen sein Federweißer und dem vinophilen Ottakringer sein Jungweintscherl ist, ist dem g'standenen Oberösterreicher sein Safterl, hierzulande integrativer Bestandteil der Muttermilch.

Pomologen erkennen die Birne als regionale Leitfrucht an, ihre Wurzeln reichen bis tief in die Jungsteinzeit zurück. Damals bereits schoss das Obst ins Kraut, und unsere Vorfahren ernteten, lagerten und vergoren, was das Zeug hielt. Einmal Most, immer Most. Jahrtausende später kamen auch die Römer auf den Geschmack, und spätestens seit damals steht der Saft am Tisch. Das blieb bis heute so. Auch ich kann es kaum erwarten, wenn jährlich die goldene Herbstsonne die süß-herben Früchte reifen lässt, der Wind an knorrigen Ästen rüttelt und das Fallobst von rissigen Händen aufgelesen wird. Dann beginnt das lustige Mosten. Was liegen da nicht für unterschiedliche Birnen im Gras: Flaschen-, ei- und tropfenförmige, kugelige oder stumpfkreiselförmige leuchten einem gelb-grün, orange-braun oder rot-rot entgegen. Die unterschiedlichsten Sorten sind da zu finden: Betzels- oder Knollbirne, Grüne Winawitz, Schmotz-, Wasser- oder Speckbirne, die gemeine Dorschbirne, der Gelbmostler, die Pichel-, Haindl- oder Pöllauer Hirschbirne.

Nebenan fallen die reifen Äpfel vom Gestrüpp, und auch hier: Vielfalt at its best – Douce Moen, Frequin Rouge, De l'Avent, Clos Renaud, Avrolles oder Bedan, um ein paar Franzosen zu nennen. Rote Walze, Wiesling oder Weberbartl heißen hiesige. Von August bis tief in den November hinein wird gesammelt, was der Rücken hergibt – kurz danach sind die Krüge voll. Beliebt sind auch die gemischten Säfte wie ein Apfel-Birne-Mix, der sogenannte „Mischling". Sie alle sind so, wie es der Mostköpfige mag: süß, sauer und spritzfest.

Mostobstbaumallee

Bier und Wein galten in oberösterreichischen Landen immer schon als etwas Besseres und waren dementsprechend abgabenpflichtig. Im 18. Jahrhundert besagten die landwirtschaftlichen Reformen Maria Theresias und ihres Sohnes Joseph Zwo, dass die Landstraßen beidseitig mit Obstbäumen bepflanzt zu sein hatten. Dazu gab es einen Erlass „zum Zeichen des Fortführens bäuerlichen Kulturgutes", wonach bei Hochzeiten zu Ehren des Brautpaares eine bestimmte Anzahl an Streuobstbäumen zu pflanzen war.

Vergorenes wurde populär und die Landschaft zwischen Enns und Ybbs verwandelte sich im Frühjahr in einen einzigen blühenden Obstgarten, im Herbst hingegen wurde in Höfen und Scheunen gemostet, was das Zeug hielt.

Obstbaummostapfel

Ein flüssiger Goldrausch fegte durchs Land, und der vergorene Saft wurde zum erschwinglichen Nationalgetränk. Ab den 1950ern brach der Mostkonsum ein: Chabesade, Tetrapak-Wein und Sodawasser verdrängten den Most aus dem Konsumbewusstsein von Herrn und Frau Nachkriegsoberösterreicher. Heute fließt Bio durch Mund und Kehle. Regionalität und geschicktes Marketing sorgen dafür, dass Most wieder „in" ist – und zwar das ganze Jahr über. Der Bartl darf sich also getrost seinen Most abholen, und die Obstbauern stürzen sich ab dem 24. August, dem Namenstag des heiligen Bartholomäus, wie jedes Jahr auf die Früchte. Sie werden gewaschen, zerkleinert und gepresst, und während die Maische an die Tiere verfüttert wird, landet der unbehandelte Fruchtsaft in luftdichten Behältnissen, wo der Hefe- und Zuckeranteil zu gären beginnt. Das Ergebnis heißt bei unseren nördlichen Nachbarn Ebbelwei, Schobbe oder Stöffsche, die Franzosen nennen

160

ihn Cidre, die Slowenen Jabolčnik, die Finnen Siideri und die Schweizer Suure Moscht. Das kultige Getränk enthält lächerliche zwei bis fünf Prozent Alkohol, man muss also schon einiges bürsteln, um einen veritablen Mostschädl auszufassen.

Die Sonne blinzelt lebhaft durch schwer beladene Zweige, und die Luft ist aufgeheizt vom späten Sommer. Ein paar Wolkenfelder ziehen hoch droben über den Himmel. Für diesen Tag habe ich mir etwas Besonderes vorgenommen: Durch das Hausruckviertel verläuft ein vor hundert Jahren von einem Grieskirchner Pfarrer gesetztes Spalier von etwa vierhundertfünfzig Obstbäumen. Ursprünglich bestand die Pflanzung ausschließlich aus Birnbäumen. Heute gibt man sich diverser. Geht einer von ihnen ein, wird er schon mal durch einen Apfelbaum ersetzt. Von Grieskirchen bis St. Georgen führt die längste Mostobstbaumallee des Landes. Der schönste aller denkbaren Spaziergänge führt über ebendiesen Weg.

Ich klaube ein paar der süß-herben Früchte, koste, genieße, nehme unter einem der Bäume Platz, lasse mir die Sonne ins Gesicht scheinen und denke an nichts anderes, als dass es die Welt gerade gut mit mir meint.

Als ich die Augen öffne, sehe ich eine Frau jenseits des Weges stehen. „Ich schau dich schon lang an", sagt sie. Ich schließe die Augen und denke, dass, wenn ich sie wieder öffne, die Alte gewiss verschwunden sein wird. Gefehlt.

„Hast mi halt net g'hört. Hier, das g'hört dir!" Sie reicht mir einen Geldschein und blinzelt mir zu. Die Sonnenstrahlen blenden auch sie.

„Es ist schön hier", sage ich. Und dann fällt kein Wort mehr. Lange nicht. Nicht dass ich an ihrer Gesellschaft

Missfallen fände, aber ihre Gesellschaft kommt so unerwartet, dass sie mich doch einigermaßen verunsichert. Die Alte steckt den Geldschein wieder in die Schürzentasche ein, woraus sie ihn genommen hat. Ich blicke beiseite und ehe ich mich wieder an sie wenden will, sehe ich sie den Weg in Richtung Grieskirchen zurückgehen. Plötzlich weiß ich es: Unten im Dorfwirtshaus orderte ich, kaum dass ich den langen Weg in Angriff nahm, einen herzhaften Schluck. Der Krug, den die Frau Wirtin vor mir auf den Tisch stellte, war bis an den Rand gefüllt mit herrlich kühlem Vergorenem. Was mag dieses kleine Aperçu anderes meinen, als dass reichlicher Mostzuspruch auf leeren Magen nicht wirklich anzuempfehlen ist. Vielleicht sollte ich mich künftighin vorsehen, hält doch das Leben manch eine Verführung bereit, der zu folgen ich mir besser versagen sollte. Ganz offensichtlich verließ ich nach dem Bezahlen der Konsumation die Schenke, ohne den Erhalt des Restgeldes abzuwarten. Die Alte ist mir bis hierher gefolgt.

Noch immer benommen vom Mostgenuss setze ich meinen Weg fort, vorbei an den alten Mostobstbäumen. Die weiten Felder des Trattnachtales erstrecken sich von hier aus bis weit hinüber zum Gegenhang, wo die Umrisse des Schlosses Tollet zu erkennen sind. Den Weg unter den Obstbäumen nehme ich in zügigem Tempo, gehe die Allee bis nach St. Georgen und wieder zurück, und als ich wieder in Grieskirchen eintreffe, erwartet mich meine treue rote Gefährtin. Ich betätige den Zündschlüssel, befühle meinen Kopf und ertaste zu meinem großen Erstaunen ein klobiges Etwas: Sollte ich auf meinem Weg unter den Obstbäumen einen veritablen Mostschädl ...? Nicht möglich. Und doch fühle ich es deutlich: überdimensional groß und rund und unförmig. Ich habe ... Dass das so schnell geht! Ich wende mich um. Beobachtet mich jemand? Gott, wie soll ich das zu Hause erklären? Ich bin ... Kein Zweifel, es fühlt sich an, als hätte ich einen veritablen „Schädl" auf. Vorsichtig befingere ich den Plutzer. Glatt, groß, dumpf.

Unterm Kinn ertaste ich eine Schnalle, ich öffne sie und nehme meinen Motorradhelm ab. Wann habe ich ihn aufgesetzt? Mein Schädel schrumpft zur Normalgröße. Das Leben hat mich wieder. Himmel. Zu Mittag trinke ich keinen Tropfen mehr. Nie wieder. Langsam setze ich den Helm wieder auf. Im Rückspiegel bemerke ich im Garten des Gasthauses, vor dem die Vespa parkt, jemanden winken – die Frau von vorhin, die Frau Wirtin. In der Hand hält sie den Geldschein.

„Das nächste Mal kommst halt wieder vorbei. Hast ja noch was gut ..."

Ich gebe Gas. Und da sage noch einer, Oberösterreich hält nicht so manch eine Überraschung bereit.

Es mueß seyn

Stefan-Fadinger-Museum, Kirchenplatz 1, 4084 St. Agatha

Was haben Eferding, Wels, Sierning, Gmunden und Wien gemein? In ihnen, wie in unzähligen anderen Gemeinden, benannten Kommunalbeamte Straßen und Plätze nach jenem Mann, der oft nur Anrainern bekannt ist und der doch die Geschichte des Landes prägte. Spätestens 2026 wird jedes Schulkind seinen Namen buchstabieren können, jährt sich doch der blutige Bauernkrieg im „Land ob der Enns" dann zum vierhundertsten Mal. Der Landmann und Eigner des Gutes „Hueb zu Fatting am Wald bei der Stauff", Stefan Fadinger, Protestant, vaterlandstreuer Kämpfer für Recht und Freiheit, gottesfürchtiger Ehemann, Vater zweier gerade gewachsener Söhne und Kerl von einem Mannsbild, betrat im Jahre 1626 für wenige Monate die politische Bühne des heutigen Oberösterreich. Was war geschehen?

Kaiser Ferdinand II., Habsburger-CEO des Heiligen Römischen Reiches, von kleinem Wuchs, aber ausgeprägter Unterlippe („Lippenkaiser"), verpfändete „Austria superior" an seinen Cousin, Maximilian I., Kurfürst von Bayern, um den Preis, dass dieser ihn dabei unterstütze, protestantische Aufstände niederzuschlagen. Kurze Zeit später ernannte der bayrische Herzog den als Radikalinski gefürchteten Adam Graf von Herberstorff zum Statthalter. Der Graf war bekannt dafür, alles, nur keine halben Sachen zu machen, also stationierte er umgehend ein Heer, das die überwiegend protestantische, durch Maximilian unter katholisches Protektorat geratene Provinz in Schach halten sollte. Gewaltausbrüche und Übergriffe der Soldateska auf Land, Leben und Ehre der Unterdrückten wurden von den Bauern mit

Stefan Fadinger: „Es mueß seyn!"

Scharmützeln beantwortet, sie wehrten sich mit Zähnen und Klauen gegen die „fremdländische" Bevormundung. Eines Nachts verjagten sie gar einen Pfaffen mit Mistgabeln und Dreschflegeln, schlimmer noch, sie belagerten die verhasste Statthalterei, die im Schloss Frankenburg untergebracht war. Die Antwort des Grafen von Herberstorff fiel grausam aus: Am Tag darauf ließ er die Frankenburger Bevölkerung, Kinder, Frauen und Männer, auf freiem Feld antreten und die Rädelsführer in Ketten vorführen. Unter einem riesigen Lindenbaum mussten die Aufständischen gegeneinander würfeln. Was anfangs für Heiterkeit sorgte, entpuppte sich bald schon als grausame Rache. Wer die besseren Würfe hatte, behielt sein Leben, wer verlor, wurde gehenkt.

Gedenkstein

Nicht lange danach fiel im „Gäuwirtshäusl" in Lembach der sprichwörtliche Funke ins Pulverfass. Bayrische Soldaten wollten einem Bauern seinen prächtigen Schimmelschecken entwenden, die Folgen waren blutig. Unmittelbar darauf ernannte das Bauernkriegskomitee den Haudrauf Stefan Fadinger zum Obrist-Hauptmann des Traun- und Hausruckviertels, seinen Schwager Christoph Zeller zum Kommandeur des Mühl- und Machlandviertels. Bald darauf stand ein Bauernheer Gewehr bei Fuß. Vierzigtausend zu allem entschlossene Männer warteten auf den Einsatzbefehl. Fadinger gab ihn. Er selbst war alles andere denn ein Intellektueller, seine Stärke war Unerschrockenheit und Schläue. Beides bewies er sowohl im Kampf Mann gegen Mann als auch am Verhandlungstisch. Intern hielt er die Zügel straff in der Hand. Gehorsamsverweigerung wurde ohne Federlesen bestraft, Übergriffe aus den eigenen Reihen auf den katholischen Feind aber tolerierte er lächelnd. Man muss sich ihn als charismatischen Freischärler vorstellen, der seine Leute nicht nur mit Taten, sondern auch mit rustikalen Worten zu führen verstand:

166

Von Bayerns Joch und Tyrannei
Und seiner großen Schinderei
Mach uns, oh lieber Herrgott frei!
Weil's gilt die Seel' und auch das Gut,
So soll's auch gelten Leib und Blut!
Oh Herr, verleih' uns Heldenmut!
Es mueß seyn!

„Es mueß seyn" war das Gebot der Stunde, darauf wurden Gefolgschaft wie Bevölkerung eingeschworen. Die Forderungen der protestantischen Bauern ließen sich in zwölf Punkten zusammenfassen. Sie richteten sich gegen Unterdrückung, willkürlichen Abgabenzwang und Zwangsenteignung und forderten im Gegenzug Glaubensfreiheit, die Eigenverwaltung von Wald-, Vieh- und Landwirtschaft, eine angemessene Entlohnung bei Dienstleistungen sowie das Wichtigste: das Recht auf unabhängigen Richtspruch. Keine unerfüllbaren Forderungen, sollte man meinen. In den Augen des bayrischen Landesfeindes aber bedeuteten sie Rebellion.

Stefan Fadinger und seinem getreuen Mitstreiter Zeller wurde ein eigenes Security-Team zur Seite gestellt. Unermüdlich fegten die „Rebeller" von Hof zu Hof, von Stellung zu Stellung und entfachten immer wieder aufs Neue das Feuer des Widerstandes, um die Kampfbereitschaft der tapferen Heimatkämpfer herauszufordern, denen meist nichts anderes übrig blieb, als mit blanken Fäusten für Freiheit und Gerechtigkeit zu kämpfen. Wurde zur Schlacht gerufen, entzündeten sie Feuerzeichen auf den Hügeln der Umgebung. Unmittelbar darauf stürmten Bauernhorden durch die Nacht und überfielen die überrumpelten Belagerer.

Im Namen der Gerechtigkeit

Freiheitskämpfern gönnt das Schicksal meist nur wenig Zeit, erst der Tod verschafft ihnen ewigen Ruhm. Sah der Bauernhauptmann sein frühes Ende voraus? Am 28. Juni 1626 ritt Fadinger von seinem Quartier in Ebelsberg aus nach Linz, um den vor dem Landhaus postierten Freischärlern in ihrem bevorstehenden Kampf beizustehen. Es galt, die für einen Angriff auf die belagerte Stadt günstigste Stelle auszukundschaften. Der Rebell verzichtete an diesem Tag auf Schutz, er hielt sich für hieb- und stichfest, wohl auch für kugelfest. Bereits der erste Schuss traf seinen Unterschenkel. Schwer verletzt wurde er in sein Quartier zurückgebracht. Ein paar Tage später verstarb er.

Auf dem Eferdinger Friedhof fand Stefan Fadinger seine letzte Ruhe, genau wie kurz darauf sein Schwager. Sie sollte nicht lange währen. Herberstorff ließ die sterblichen Überreste der Bauernführer exhumieren, ein Scharfrichter wurde auf den Gottesacker bestellt und der tat, wozu er Befehl hatte: Er enthauptete die beiden Leichen, und die geschändeten Körper wurden ein zweites Mal „begraben". Diesmal warf man sie an unzugänglicher Stelle ins Seebacher Moos, ein Sumpfgebiet, in dem sonst Tierkadaver entsorgt wurden. Zu ihrem „ewigen schändlichen Nachgedenken" ließ der Blutgraf an eben dieser Stelle einen Galgen errichten, nicht zuletzt auch zur Abschreckung potenzieller Nachfolger.

Heute stehen an seiner Stelle die Grabsteine der beiden oberösterreichischen Helden. In St. Agatha, unweit des ehemaligen Fadinger-Hofes in Parz, wurde den Bauernobristen ein kleines, aber feines Museum eingerichtet, das ihnen und ihren Heldentaten ewiges Angedenken schenkt.

Ich kann mich nur schwer trennen von dem Erinnerungsort in St. Agatha. Kaum wo habe ich Geschichte so hautnah und zugleich so umfassend aufgearbeitet erlebt wie hier. Straßen und Plätze sind flugs benannt – rasch auch wieder umbenannt. Bilder, Schriften und wissenschaftlich aufgearbeitetes Material aber machen Vergangenheit lebendig. Junge Menschen müssen aus den Taten der Alten lernen. Die Geschichte eines Landes stellt die Basis für bewusstes Erleben von Gegenwart und Zukunft dar. Nie vergessen! Die beiden Worte sind eingebrannt im Gewissen unserer Heimat. Ist es Zufall, dass das Wappen der Heimatgemeinde der Rebellen Fadinger und Zeller drei Blümchen zieren? Wohl nicht. Man nennt sie Vergissmeinnicht. Es mueß seyn.

Fährmann Witti

**Boots- und Zillenbau Ing. Gerald Witti,
Freizell 4, 4085 Wesenufer**

Ähnlich dem Grand Canyon in Arizona oder Australiens Great Barrier Reef ist auch die Schlögener Schlinge im Mühlviertel ein geografisches Highlight – das Wort „Naturwunda" passt perfekt zu einem der schönsten Orte dieses bemerkenswerten Bundeslandes. Will man den größten Zwangsmäander Europas im oberen Donautal in der Gemeinde Haibach ob der Donau bestaunen, braucht es gutes Schuhwerk. Ein steiler Weg führt hinunter zu einer Aussichtsplattform, von der aus man einen prächtigen Ausblick auf die charakteristischen Uferhänge der Donauleiten hat, zwischen denen sich der mächtige Strom seinen Weg durch den Granit der Böhmischen Masse bahnt. Zwei spektakuläre Windungen lassen das Flussband zwischen den waldbestandenen Höhenrücken aussehen wie eine träge Python, die nach gütlicher Mahlzeit ihren Ruheplatz auf einer Astgabel sucht. Ein Platz zum Staunen. Nicht weit von hier, stromaufwärts, steht seit einhundertzwanzig Jahren die Fabrikationsstätte eines selten gewordenen Handwerks, das bald schon, wie viele andere Gewerke auch, Geschichte sein wird: der Betrieb des Zillenbauers Gerald Witti.

Ans andere Ufer

„Ich bin die neunte Generation. Servas!" Ein „Bröckerl" von einem Mann fährt seine Hand aus und drückt die meine zu Sägemehl. Meister Witti ist es gewohnt zuzupacken. Die Uferstraße, die zu seinem Haus führt, vereinigt sich nach der nächsten Kurve mit einer Forststraße, die bei der Schiffsüberfahrt, die hinüber zum rechten Donauufer führt, in einen durch obstbaumbestandene Gärten verlaufenden Wiesenweg mündet. Kurz vor der Schlögener Schlinge erschwert dichtes Gebüsch das Fortkommen, dann teilt sich das Ufergras und der Pfad wird zu einem schweißtreibenden, auf und ab springenden Waldweg. So und nicht anders sieht das Ende der Welt aus.

„Nimm Platz, bist eh hungrig." Ehe ich antworte, steht ein Nusskuchen vor mir, nebst einer Tasse frisch gebrühten Kaffees. „Von meiner Frau, waßt eh."

Ich weiß. Die Labung tut gut, ich bin zweimal im Kreis gefahren, die Witti'sche Werkstatt war nicht leicht zu finden, liegt sie doch außerhalb des Ortes, zusätzlich noch am anderen Ufer der Donau.

Vor mir gleitet der breite Strom ruhig in Richtung Süden. Kilometer Zwei-Eins-Neun-Eins, gegenläufig gemessen

171

vom Mündungsgebiet am Donaudelta. Zwischen den Uferbüschen nehme ich eine Bewegung wahr. Ein Fischlein ist aus dem Wasser gesprungen, um nach elegantem Salto wieder in sein nasses Zuhause zurückzukehren.

„Trinkwasserqualität, brauchst net glauben."

Ich glaub' eh nicht.

„Ka Ahnung, wer das Märchen vom blauen Donaustrom erfunden hat. Bei uns heraußen is' des Wossa grün."

Und während ich eine Nuss aus dem Kuchen angle, ist der Herr Zillenbauer schon unterwegs zur Anlegestelle, wo seine Schützlinge in Reih und Glied daliegen wie Sardinen in der Dose. „In der Schweiz haßen s' Weidling, in Deutschland Stockerkahn, am Traunsee Trauner und im Salzkammergut Plätt'n. I hab ma 'dacht, wir machen a Runderl."

Ich stürze den Kaffee hinunter und folge ihm. „Ich habe gegoogelt ...", beginne ich, „haben die Leute früher nicht ‚Kaffenkahn' gesagt?"

„Die Kaffen waren Schnäbel, die vorn und hinten aus'n Wasser rausg'standen san. Unsere Zillen hingegen waren immer schon flach. Vorn wie hinten, waßt eh." Er lacht anzüglich.

Weiter vorne liegen die Bügelbretter mit Sitz. Eine Entenmutter watschelt über den Güterweg und zieht ihre Jungen hinter sich her wie an einem Gummiband.

„Platz nehmen!", kommandiert der Herr Kapitän, und schon hocke ich in einem der überdachten Ausflugsmodelle. Wir gleiten aus dem kleinen Naturhafen hinaus auf die träge fließende Donau. Eine wundersame Ruhe liegt über der Welt. Vom Ufer dringt eine Vielzahl von Geräuschen zu uns herüber. Herr Witti schaltet den Motor aus. Ich liege im Bug und betrachte eine Welt, die voller kleiner Wunder ist.

Bootbauen

„Seit 1739 hobeln wir schon an den Booten herum",
sagt Herr Witti und blickt hinüber zur Werkstatt, aus der
gerade ein alter Mann tritt.

„So lange schon?"

„Und noch einmal so lang werd' ma's machen, wenn's
nach mir geht." Er winkt hinüber zu dem Alten, startet den
Motor und tuckert bis zur Flussmitte hinaus, wo wir uns
gemächlich in Richtung Schlögener Schlinge treiben lassen.

„Sieben Familien ham früher vom Bootsbau gelebt.
Heut' san's nur mehr zwa."

„Fisch oder Fleisch?", frage ich auf gut Glück.

„Fisch!", sagt er prompt. Am gegenüberliegenden Ufer
sitzt ein Angler in seinem Boot. „Aber rausholen müssen s'
andere, waßt eh."

Eine leichte Brise kommt auf und bringt die Zille zum
Schaukeln. „Wann kippt so ein Boot eigentlich?"

Herr Witti blickt mich beleidigt an. „Da muss ma scho
sehr blöd sein." Unser Boot beschreibt jetzt eine große

173

Zille um Zille

Kurve und gleitet allmählich zur Anlegestelle zurück. Am Ufer legen Weiden eine Decke aus Schneeflocken über das Wasser.

Die neu gebauten Boote lagern im riesigen Dachboden des Wohnhauses. „Mit an Kran heb' ma s' auffe", errät der Meister meine nicht gestellte Frage. Wahrscheinlich trocknen sie hier besser, denke ich und streiche über ein frisch verleimtes Holzstück.

„Früher haben s' die Bretter an den Stößen geschoppt. Mit Moos oder Hanf san s' verschlossen worden. Heute arbeit' ma mit Leim. Man geht mit der Zeit." Am liebsten würde ich in eine der Zillen hineinbeißen, so appetitlich liegen sie vor mir. Fichte und Lärche. Es duftet. Handwerk riecht überall gleich. Heimatverbundenheit und das Wissen um Tradition haben eine verführerische Wirkung auf den Städter.

174

Wir gehen hinüber zur Werkstatt. Hier werden die Bretter geglättet, gebogen, verleimt. Der alte Mann von vorhin steht jetzt an einer Werkbank und hobelt an einem Stück Holz herum. Drüben beugt sich ein jüngerer über ein fertiges Werkstück, kritisch prüft er die Fugen des Unterbaues.

„Der Papa und der Opa", sagt der Junior und die beiden Generationen Witti nicken zu mir herüber. „Der Klane schraubt übrigens a scho mit."

„Wie alt?", frage ich.

„Fünf", sagt er, „höchste Eisenbahn zum Anfangen. Wir brauchen jede Hand. A wann 's kloa is."

Ich verlasse Haus und Werkhalle, gehe hinüber zu den Kähnen und betrachte den grünen Strom, der bedächtig von rechts nach links fließt. Im flachen Wasser findet gerade der Schwimmkurs für die Nachwuchsabteilung der Entenfamilie statt. Ein Buntspecht klopft an einen hohlen Baum. Von der Veranda räumt die Frau des Hauses Kuchenteller und Kaffeetasse zurück in die Küche. Die Zillen schaukeln im Uferwasser, das Holz verströmt sonnenwarmen Duft. Lange bleibe ich so stehen, dann wende ich mich um. Herr Witti hat mich wohl schon eine Zeit lang beobachtet. Und jetzt weiß ich auch, woran mich das alles erinnert. Die verschlafene Abgeschiedenheit des Ortes, die friedvolle Ruhe, das Festhalten an Handwerk und Tradition, das Vertrauen in die Zukunft – all das hat mit dem Wissen um Ewigkeit zu tun, mit dem langsamen Hinübergleiten von einer Welt in die andere. Der Herr Bootsbauer ist der an der Grenze der Zeit pendelnde Fährmann Charon, den Sehnsuchtsvolle aufsuchen, die die Vergangenheit als ein kostbares Gut aufbewahren und sich schwertun, die Zukunft ohne den Schatz ihres Vermächtnisses zu erleben.

Die vielen Welten der Annerose R.

**Atelier Annerose Riedl,
Dorfplatz 4, 4786 Brunnenthal**

Das Problem ist eher die Annäherung an ihre Kunst als jene an die Künstlerin selbst. Frau Riedl lebt nicht nur in einer Welt. Es gibt derer viele. Trinkt man gemeinsam Kaffee, sitzt man einer entzückend feingliedrigen Dame im allerbesten Alter gegenüber. Geht man mit ihr von Atelier zu Atelier, spaziert man neben einem jungen Mädchen. Besucht man sie an ihrem Arbeitsplatz, wo Helm und Kettensäge an der Wand hängen, gleicht sie einer Undine, so durchsichtig und verletzlich erscheint sie. Kocht sie, ist sie bodenständig. Verabschiedet man sich von ihr, winkt sie einem übermütig nach, als wäre sie eines jener eingeschmuggelten Mädels auf dem Pausenhof eines Knabeninternats. Und dringt man gar in die Seelenwelt ihrer Puppen vor, begegnet man einem Kind, das nicht aufhören kann zu lachen über all den Schabernack,

den es gerade anstellt. Die Annäherung muss behutsam sein,
sonst zerplatzt die Seifen-
blasenwelt der Vielbegabten.
Ingeborg Bachmann könnte
ihre Seelenpartnerin sein, oder
Marlen Haushofer, die Rätselhafte. Und erst das Zauber-
wesen Elfriede Gerstl!

Riedlköchin

„Zeige mir deinen Garten
und ich sage dir, wer du bist!"
Verwildert sieht es aus, das
verwunschene Reich der Prinzessin. Sieht man aber genau-
er hin, verrät jeder Abschnitt
eines ihrer unterschiedlichen
Gesichter. Voller Respekt vor
der Natur und doch akribisch
gepflegt, verrät erst der zweite Blick. Vielleicht sieht so die
Blumenwiese einer Zen-Priesterin aus – wenn es sie denn
gäbe. Hier wird nicht gezogen, sondern belassen, nicht
gebrochen, sondern gepflegt.

Ich betrete das Atelier. Vor den Holzfenstern strahlt die
Farbenpracht eines liebevoll angelegten Bauernblumen-
beetes. Drinnen: aufgeräumte Wildheit. Pflöcke stehen
herum, Hobelbänke, Hammer, Meißel, Schraubstock, alles
griffbereit. An einer der Wände: Schläuche, Kabel, Elektro-
zeugs. Und: eine furchteinflößende Kollektion an Kettensä-
gen. Die Meisterin schrammt am Holz entlang. Man spürt
es: Hier geht es laut zu, gewalttätig, rau. Wie zart auch
immer die Wanderin zwischen den Welten erscheinen mag,

177

hier drinnen fliegen die Funken. Ihre Kunstwerke sind verwirrend, voller Widerspruch, ganz wie Annerose selbst.

Begonnen hat die Riedl mit dem Schnitzen von Marionetten. Leichte Kost, vermeintlich. Denn ihre Puppen sehen stark aus, bärenstark. Holz ist ihr bevorzugtes Material. Zwar duftet es, aber es ist hart, fasrig, kantig.

„Der Geruch hat mich nicht mehr losgelassen, seit damals, als ich meine erste Figur gemacht habe." Der Vater, ein Holzbildhauer, hat ihr das Trumm gegeben. „Gelobt hat er mich nie. Warum auch. Zu loben gibt's nichts in meinem Gewerbe."

„Nur zu staunen ...", möchte ich sagen, tue es aber nicht. Wenn der Vater nicht gelobt hat, klingt es aus meinem Mund umso unsinniger.

„Der Staudacher hat damals zwei Figuren gekauft. Mehr Zustimmung geht nicht." Die Riedl berührt einen der Holzblöcke, die im benachbarten Lager auf ihren Einsatz warten. „Ich will nichts. Gar nichts. Ich habe auch nichts zu sagen. Es passiert. Ich bin neugierig, eher aber auf den Weg, nicht auf das Ergebnis. Das gibt es nicht wirklich. Vielleicht arbeite ich seit Anbeginn an einem einzigen Stück."

Die Frauenfiguren der Annerose Riedl stehen mit beiden Beinen fest auf dem Boden. „Vielleicht, weil ich selbst geerdet bin. Ich möchte noch einige Leben leben. Ich fürchte, ich werde mit meiner Arbeit nie fertig werden, ich kann, ich will gar nicht fertig sein. Jedes Stück Holz, das Sie hier sehen, wartet darauf, geformt zu werden. Ich lasse es liegen, komme darauf zurück. So beginne ich immer wieder neu. Fertig werden ist Tod. Beginnen ist Leben."

Sagt's und nimmt die Zweihundertsechziger von

Mit beiden Beinen am Boden

der Wand. „Das ist die schwere, die haben sonst nur die Zimmerleute. Mit ihr geht's mir gut. Ich brauche das."

„Wie sieht der erste Schnitt aus?", frage ich.

„Von oben nach unten. So!" Ohrenbetäubender Lärm. „Am härtesten ist Birne. Sie ist so hart, dass die Säge mit der Zeit blau wird."

Ich blicke mich um. Was ist es, das mich hier so sehr fasziniert? Chaos? System? Kraft? Die Wucht des Ausgangsmaterials? Die zärtliche, liebende Künstlerin inmitten einer martialischen Welt?

„Ich bin kein Typ von Genauigkeit", sagt Frau R. und lässt die Säge sinken, „mir geht's um die Lust am Arbeiten. Man muss sich freimachen von seiner Herkunft, von dem, was man denkt, was einen ausmacht. Ich will mich täglich neu erfinden. Ich habe noch so viel vor."

Die Welt der Sägen

Im nächsten Moment steht sie in der Küche. Lamm gibt es heute. Ein Stück Bauernbrot liegt neben dem Teller. Schwerer Rotwein im Glas. Ihr Traum? Ich getraue mich es fast nicht zu fragen. Aber dann tue ich es doch und die Antwort kommt wie aus der Pistole geschossen: „Ein Chevy-Pick-up."

Ich schließe das Gartentor, und dabei merke ich, dass das Schloss nicht einrastet – kann es nicht. Es ist gar keines da.

„Wozu auch?", ruft Annerose, „es kann jeder vorbeikommen, der will. Er braucht nur die Tür zu öffnen. Die, die nicht wollen, kommen ja nicht." Sie lacht und winkt mir übermütig zu – so lange, bis sich ihre zarte Gestalt, die ich noch lange im Rückspiegel sehe, in Luft auflöst.

Traumland

**Kubin-Haus,
Zwickledt 7, 4783 Wernstein am Inn**

Nähert man sich der Kuppe, die letzten, sich an die Hügel schmiegenden Felder liegen weit schon zurück, findet man sich in einer abgeschiedenen Welt wieder, in der die Natur stillzustehen scheint. Außer dem Knacken dürrer Äste und dem aufgeregten Geschnatter der über den Winterhimmel ziehenden Wildgänse ist hier nichts zu hören. Wäre die Sicht besser, hätte ich Aussicht über die Weite des Oberen Inntales.

Ein düsteres Haus steht da. Gleicht es jenem mystischen Gerichtshof, in dem in einer anderen Welt über das Sündenregister der Gestrauchelten befunden wird? Schuld. Erlösung. Das Gemäuer erinnert an den Warteraum jenes Zwischenreiches, den ein eng schraffierter Vorhang aus Kohlestrichen von der übrigen Welt trennt. Nebelfetzen ziehen über die Wiesen und verleihen dem Tag eine zusätzliche Düsternis. Wer lebte hier, in dieser von Gott verlassenen Welt? Wer verließ jeden Morgen das einsame Haus, eingehüllt in einen düsteren Umhang? Wer ließ Tag für Tag die schwere Holztür knarzend hinter sich ins Steinschloss fallen und machte sich auf den Weg über die abgeernteten

Das Haus in Zwickledt

Felder bis weit hinüber nach Brunnenthal oder ins entfernte Pyrawang? Gewiss musste man dann und wann einkehren in den spärlich bewirtschafteten Gasthöfen der Umgebung, um spät genug, in weitem Bogen, zu dem unheimlichen Ort zurückzukehren. Flog dort, in der Talsenke, nicht gerade jenes verwahrloste weiße Ross aus Kubins einzigem Roman über Land und Äcker, dessen Koppel in jenseitig verschlossener Welt liegt? Oder empfand der einsame Wanderer dies gar als Linderung seiner Seelenqualen, wenn ihm nächtliche Traumgestalten bis in die Tagwelt folgten, wo sie ihm weniger anhaben konnten?

Das Alfred-Kubin-Haus ist ein in die Gegenwart herübergerettetes Geisterschiff jenes exzentrischen Künstlers, den um die letzte Jahrhundertwende des vorigen Jahrtausends nachtschwarze Schatten um den Schlaf brachten und ins Leben begleiteten. Mussten die Expressionisten die Welt nicht so darstellen, wie sie sie sahen, erlitten? Sie taten es mittels Gefühl und Empfindung. Allen gemein ist die Abstraktion, mit der sie ihr inneres, quälendes Feuer dem Licht der Umwelt aussetzen. Form und Proportion stellen sie fratzenhaft dar, verzerrt, mal mit strengen Bleistiftlinien, mal mit kräftig kontrastierenden Farben. Der Expressionismus macht nicht halt vor den Zerrbildern menschlicher Existenz. „Der Betrachter, den ich mir wünsche", sagte Alfred Kubin, „würde sich meine Blätter nicht nur genießend oder kritisch ansehen, sondern wie durch geheime Berührung angeregt, müsste sich seine Aufmerksamkeit der bilderreichen Dunkelkammer des eigenen träumerischen Bewusstseins zuwenden, dessen enorme Schätze im Getümmel des Tages einfach vergessen werden."

1906 übersiedelte Kubin von München ins Innviertel, nach Zwickledt. Bis zu seinem Tod blieb er dem abgeschiedenen Ort verbunden. Hier entstand der größte Teil seines bildgewaltigen Werkes, wie auch sein mit atemlosen Worten verfasster Roman *Die andere Seite*. Der „Freisitz" Zwickledt sollte ihm, dem in verborgenen Welten Beheimateten, nicht nur zum langjährigen Aufenthaltsort werden, er war auch Inspiration seines weiteren künstlerischen Schaffens. Einsamkeit und Stille umgaben ihn hier. Wie aber konnte er sich im Ödland seiner Gefühle vor seinem zweiten, dritten Ich verbergen? Seine Arbeit half ihm, wohl auch die unermüdlichen Wanderungen, auf denen er das Land durchmaß, um ins Schattenreich vorzudringen, das für ihn stets greifbar war und in dem all die Dämonen und Fabeltiere,

Schattenkünstler Kubin

Glaube und Aberglaube, Licht und tiefer Schatten lauerten: eine Welt der Angst, vielleicht auch der Erlösung, aus dem Unbewussten seiner oftmals verzweifelten Seele.

Heute beherbergt das Kubin-Haus nahezu unverändert alle großen und kleinen Dinge des einstigen Wohnhauses: Arbeitszimmer, Bibliothek, die karge Küche und all die Nebenräume des täglichen Seins. Im Erdgeschoß befindet sich zudem ein erst in jüngerer Zeit angelegter Gedenkraum, nebst einer kleinen Galerie des großen surrealen Zeichners. Formal ist das Gedenkhaus der Landesgalerie Linz unterstellt. Regelmäßig stattfindende Ausstellungen spüren dem Phänomen der Zeichnungen nach, auch der Faszination des Menschen Alfred Kubin.

Meine Annäherung an den Künstler gelingt, auch wenn sie bedrückend ist. Ich setze ein paar Schritte vor das Haus, nehme einen ähnlichen Gang über die Felder wie er, der Liebes- und Lebenskranke, und fühle mich ihm mit einem Male gleichermaßen nah wie fremd. Wahrscheinlich ist es das, was die Kraft seiner Arbeiten bis heute in mir auslöst: Nähe, Erlösung, Angst. Vielleicht all das gemeinsam. Zur gleichen Zeit.

Mit der Pferdebahn

Pferdeeisenbahn-Museum, Kerschbaum 61, 4261 Rainbach im Mühlkreis

Im Jahre 1849, siebzehn Jahre nach Eröffnung der Pferdeeisenbahn von Linz-Urfahr nach Budweis, schrieb ein junger Hilfslehrer an seine Braut: „Ich werde mit der Bahn so schnell als möglich zu dir kommen!" Diese antwortete wenig erfreut: „Werter Herr! Ihr Besuch wird von nun an überflüssig, denn ein Mann, der sich nutzlos in Gefahr begibt, ist nicht wert, mein Ehegemahl zu werden."

Unsere Urlis waren vorsichtig, handelte es sich doch bei der wagnisreichen Brautschaufahrt um eine technische Sensation: die erste öffentliche Eisenbahn auf europäischem Festland. Für die Bewältigung der hundertneunundzwanzig Kilometer langen Strecke brauchte es stramme Wadeln. Zumindest sechshundert Pferdestärken standen in den Stationsplätzen Gewehr bei Huf, jederzeit bereit, ihre schweißtreibende Arbeit vor den Güter- oder Personenwaggons anzutreten. Der Tagesmarsch der Schlepperbande betrug nicht mehr als vierzig Kilometer, die aber hatten es in sich. In eigens eingerichteten „Umspannwerken"

Auf großer Fahrt

wurden die Waggons an ausgeruhte Kollegen übergeben. Nur für die Bergstrecke Bürstenbach–Lest, deren Steigung über zwanzig Prozent betrug, wurde ein zweites Ross vorgespannt. Noriker hießen die robusten Tiere, die sowohl herausfordernde Anstiege als auch nicht minder anstrengende Talfahrten zu bewältigen hatten. Satte zweieinhalb Tonnen Nutzlast zogen die wuchtigen Rösser, dazu kam noch das Eigengewicht des Wagens, des Kutschers und des Kondukteurs. Alternativ zu den Gütertransporten gab es die Personenwaggons, die aber waren für die Zugmannschaft ein Kinderspiel. Da nicht mehr als vierundzwanzig Reisende auf den Pritschenbänken Platz hatten, machte die Fracht bei einem Durchschnittsgewicht von etwa sechzig Kilo pro Gast nicht mehr als eineinhalb Tonnen aus. Ein Kinderspiel.

Die Pferdeeisenbahn, vier Jahre später erweitert durch die Zusatzstrecke Gmunden–Linz, war eine Innovation. Mit einem Mal konnte Salz, das „Weiße Gold" des

Salzkammergutes, in einem Rutsch nach Budweis transportiert werden – im Gegenzug revanchierte man sich mit Kohle, Glaswaren oder Gerste. Bis dato war der Warentransport ausschließlich auf der Traun möglich gewesen, von Linz an ging es über holprige Wald- und Wiesenwege. Bei einer saisonalen Transportkapazität von dreihundertzwanzigtausend Salzfässern à sechsundfünfzig Kilogramm war dies mehr als mühsam.

1807 wurde die „Böhmisch hydrotechnische Privat-Gesellschaft" gegründet, die als „Fachberater" einen gewissen Franz Joseph Ritter von Gerstner, Professor für höhere Mathematik und Mechanik, engagierte. Der Kopf war gefunden, die Planung konnte beginnen – nicht wirklich, denn zwei Jahre später stand Europa in Flammen. In der Schlacht bei Wagram erlitt Österreich gegen Frankreich eine entscheidende Niederlage. Napoleon ritt in Wien ein. Damit war der kühne Plan einer Pferdeeisenbahn, kaum begonnen, auch schon wieder vorbei. 1815: Wiener Kongress. Der nächste Versuch. Die europäischen Staaten forcierten die Binnenhandelsschifffahrt. Man erinnerte sich an Gerstners Plan. Die Kerschbaumer Bahn wurde zum Missing Link zwischen Donau und Moldau. Vater Franz Joseph übergab an Sohn Franz Anton und bald schon begann Gerstner jun. unter allerhöchster kaiserlich-königlicher Patronanz mit der Neuplanung. Der Baubeginn erfolgte am 28. Juli 1825. Jung und Alt war auf den Beinen. Aufmarsch, Reden, Blaskapelle. Im böhmischen Nest Nettrowitz war die Festtribüne gut gefüllt. Unter den Augen der Herren Eisenbahnaktionäre wurde der feierliche Spatenstich vollzogen. Geschmückte Noriker wurden den Honoratioren an der langen Leine präsentiert, dahinter marschierte eine Abordnung schaufelschwingender Arbeiter, gefolgt von böhmischen Schnapsweibern und einer Schar Blumenkinder.

Von nun an ging es Schlag auf Schlag – und die Schwierigkeiten nahmen ihren Lauf. Mit den Landbesitzern gab es Probleme bezüglich des Grundstückankaufes, Baufirmen sprangen ab und der Arbeitertrupp dezimierte sich von Woche zu Woche. Die Aktien fielen ins Bodenlose. Ein Probeverkehr zwischen Trojern und Zartlesdorf wurde eingerichtet, zwei Monate später war er wieder zu Ende. Was war geschehen? Gerstner jun., ein Mann mit Vision und Fachwissen, konzipierte den Bau gewissenhaft, ergo zu teuer. Er schätzte die Zukunft des industriellen Zeitalters richtig ein und berücksichtigte bereits in frühem Stadium die technischen Anforderungen der zu erwartenden Dampfeisenbahn. Die Trassenführung sollte darauf vorbereitet sein: ausreichend befestigte Brücken, seriös abgestützte Gleiskörper. Das Budget reichte bei Weitem nicht aus, die Bauzeit explodierte, und die Aktionäre wurden nervös. Der gewissenhafte Bauführer Gerstner war Geschichte, sein ehemaliger Schüler, der Parvenu Mathias Schönerer, Gegenwart. In vorauseilendem Gehorsam strich er die vermeintlichen Fehlinvestitionen seines Vorgängers, verkürzte die projektierte Bauzeit und erreichte so das vorgegebene Zeitfenster. Besser, schneller, günstiger – die kurzsichtigen Investoren waren begeistert.

Am 1. August 1832 fand die Jungfernfahrt von Budweis nach Urfahr statt. Die Honoratioren wurden über Berg und Tal gezogen, in den Bahnhöfen floss Freibier, die Monarchie war am Puls der Zeit. Zwei Jahre später wurde der zum

Zugführer Spangerlbub

Liebkind allerhöchster Kreise beförderte Ing. Schönerer mit der Zusatzstrecke Linz–Gmunden betraut. Nach kurzer Bauzeit war auch diese Trasse fertig. Aufmarsch, Reden, Blaskapelle, die Zweite. Über Stock und Stein, wackelige Schwellen und ebenso hastig verlegte Schienen ratterte die Pferdeisenbahn nunmehr von Budweis bis an den Traunsee. Zur Nettofahrzeit von zwanzig Stunden kamen jede Menge Imponderabilien: Pferdewechsel, Mittagspausen und Wartezeiten an den Weichen, hatte doch der flinke Herr Schönerer die Strecke nur einspurig konzipiert. Man war lange, sehr lange unterwegs – aber was war das schon gegen die endlose Überlandfahrerei der alten Leiterwägen.

Im schönen und informativen Pferdeeisenbahn-Museum in Kerschbaum steht ein ganzer Trupp historisch herausgeputzter Kerschbaumer Damen und Herren

189

Salettl

bereit. Den p. t. Museumsgästen wird zur Begrüßung ein Schnäple namens „Gleishupfa" serviert, in der Fahrgaststätte stehen zum Gaudium aller „Rossknödeln" und „Kutscherküsschen" bereit. Solcherart kulinarisch verwöhnt, geht's flugs durch den Schauraum. Dann heißt es: Platz nehmen im Salonwagen – und ab geht die wilde Jagd auf der etwa fünfhundert Meter langen Strecke vom ehemals ersten Bahnhofsrestaurant Mitteleuropas, dem Scheitelbahnhof Kerschbaum, bis zum „Speisesalettl", einem Originalnachbau der Station Lambach. Schienenherz, was willst du mehr?

Eisenbahnkondukteur oder Knecht im Kuhstall des benachbarten Bauernhofes, einer dieser beiden Traumberufe sollte es werden. Beide wurden es nicht. Dennoch, dem einstigen „Spangerlbub", heute Reisender zwischen den Welten, gehen der Singsang der Eisenräder, der

Geruch geölter Bodenbretter im Inneren des Fahrgast-raumes oder das mechanische Kartenlochergeräusch des Herrn Schaffners nicht aus dem Sinn – genauso wenig wie die duftenden Gummistiefel, die der Knecht bei sei-ner Arbeit im Kuhstall trug! Die akustischen, haptischen, olfaktorischen Verlockungen, die meine Kindheit bereit-hielt, holten mich beim Besuch des Pferdeeisenbahn-Museums im Mühlviertel voll und ganz ein. Was war ge-schehen?

Ich durfte in eine der bereitliegenden Kutscheruni-formen schlüpfen, das historische Vehikel „Salonwagen I" an der Deichsel packen und aus der Remise schleppen, um es draußen, auf der „originalen" Pferdewagenstrecke ein paar Meter hin und her, auf und ab zu rangieren. Der gar nicht mehr so kleine Bub stieß unvermutet an die Erfül-lung seiner Kinderträume. Hier und jetzt wurde er zum Pferdebahnkondukteur. Dem nicht genug: Kaum dass er den Kutschenwagen aufs rechte Gleis zog, drangen vom nahen Kuhstall altbekannte Geräusche an sein Ohr. Rau, sonor und unverkennbar riefen ein paar Mutterkühe nach ihren Jungen – dazu kroch würziger Stallduft direttissi-ma in die Großstadtnase des solcherart um Jahrzehnte Verjüngten. Er fühlte sich wie im siebenten Himmel. Wer bitte kann das von sich behaupten? Und da sage noch einer, Bubenträume erfüllen sich nicht. Doch, sie tun es. Man fahre nach Kerschbaum, schließe die Augen und lasse es einfach geschehen ...

TIPPS

Kurioses im Land

Eferdinger G'schichtenweg:
Mythen, Sagen, Legenden
und jede Menge fantastische
Geschichten werden auf einem
Stadtspaziergang von Schautafel
zu Schautafel lebendig ...
4070 Eferding

Bierstacheln in Freistadt:
Ein glühender Eisenstachel
ins Bierglas, der Restzucker
karamellisiert und die Kohlen-
säure entweicht. Ein Biererlebnis
der besonderen Art in der
Freistädter Stadtschmiede ...
4240 Freistadt

Fischakrobaten in St. Aegidi:
Reifenspringen, Fußball spielen,
weitspringen – und gestreichelt
wollen sie auch werden.
Die schwimmenden Künstlerinnen
des Forellenzirkus Sageder-Luger
sollte man erlebt haben ...
Mühlbach 3, 4725 St. Aegidi

Zwischen Himmel und Erde:
Gerlinde Kaltenbrunner war
die erste Frau, die alle vierzehn
Achttausender dieser Welt ohne
künstlichen Sauerstoff bewältigte.
Das Museum in Spital am Pyhrn
thematisiert die Gefahren und
Schönheiten ihres Sports:
Risiko, Glück, Freude. Sogar den
Rucksack der mutigen Frau darf
man heben. Schnappatmung
garantiert ...
Stiftsplatz I, 4582 Spital am Pyhrn

Kultur und Kirchen

Dreifaltigkeitskirche Stadl-Paura:

Eine der bemerkenswertesten Barockkirchen des Landes. Die Dreifaltigkeit äußert sich auch in der Architektur: drei Tore, drei Altäre, drei Orgeln. Wirklich spektakulär! Johann-Michael-Prunner-Straße 7, 4651 Stadl-Paura

Stiftskirche St. Florian:

In der Maria Himmelfahrt geweihten barocken Stiftsbasilika steht eine der bedeutendsten Orgeln Österreichs: die Brucknerorgel. Einmaliges Hörerlebnis! Stiftstraße 1, 4490 St. Florian

Stiftskirche des Stiftes Schlierbach:

Ein im 17. Jahrhundert erbautes barockes Gesamtkunstwerk mit üppigen Fresken und Stuckdekoration der italienischen Künstlerfamilie Carlone. Ein Fest der Sinne! Klosterstraße 1, 4553 Schlierbach

Benediktinerstift Lambach:

Im 17. Jahrhundert wich die gotische Stiftskirche mit dem romanischen Langhaus einem barocken Kirchenraum, der an Schönheit kaum zu übertreffen ist. Besichtigen kann man weiters eine Schatzkammer, ein Museum mit Fresken aus dem 11. Jahrhundert sowie ein einzigartiges Barocktheater. Der Besuch rechtfertigt eine Zeit voller Staunen! Klosterplatz 1, 4650 Lambach

Denken für die Zukunft

**Green Belt Center,
Markt 11, 4263 Windhaag bei Freistadt**

Ein hölzerner Turm. Rundum die Öde oberösterreichischen Niemandslandes. Windhaag heißt es hier. Kommt mir das bekannt vor? Ein Kirchturm, ein Gemeindeamt, ein staubiger Platz. Schmucklose Häuser. Eines davon verströmt den modrigen Charme einer ehemaligen Gastschenke. Das Wirtshaussterben hat hier voll zugeschlagen. Die Gegend ist so trostlos, dass sie neuerdings als ORF-Hollywood des Mühlviertels gilt. Nirgendwo ist das Nowhere malerischer als eben hier. Aus dem Nichts entsteht Spannung, und die Quoten gehen durch die Decke. An jedem zweiten gottverlassenen Gewässer werden hier Leichen ans Ufer geschwappt, woraufhin sich die Ermittlungskette hohlwangiger Gendarmen in Bewegung setzt, an der die zur Morbidität neigende Krimigemeinde im Patschenkino ihre Freude hat. Die gottverlassene Gegend ist spooky, da passt das moosgesichtige Mienenspiel der Schauspielgötter Hofstätter und Hader dazu wie die Faust aufs Auge. Die Genannten sind Protagonisten jener

„Landkrimis", deren Thrill so manche Einschaltquote zum Glühen bringt. Und wenn dann noch die Schatten der vom Wetter gegerbten Windhaager Laiendarsteller über flachbrüstige Hausfassaden huschen, schleicht die Ganslhaut über den Rücken der Bildschirmsüchtigen und am Küniglberger Fernseholymp lachen sich die Redakteure ins Fäustchen. Das vergessene Dorf an der Grenze wurde zum Hauptdarsteller so manch eines Sonntagabendkrimis – es darf und soll also dem von düsteren Ahnungen verfolgten Reisenden ruhig bekannt vorkommen.

Die verwitterten Planken des Turmes wachsen geradewegs in den Himmel hinauf. Unten, in Augenhöhe, prangen jede Menge Schilder und Hinweistafeln. „Green Belt" ist hier mehrfach zu lesen, und dazu noch „Waldluftbadegemeinde" und „Geheilter Stein" oder „Kettenkreuz". Wer, zum Geier, ist hier unterwegs? Freigeister? Kunstaffine Wünschelrutengänger? Oder Menschen, die schon über Nachhaltigkeit nachgedacht haben, als Andersgläubige noch ohne schlechtes Gewissen in ihre Plastikpampers schissen? Was wissen werteorientierte Windhaager mehr als tumbe Restösterreicher? Um es rundheraus zu sagen ... so manches!

Die Türe knarzt. Ein paar Eingeborene hocken bei Kaffee und Kuchen rund um einen Holztisch. „Möchtest auch was?" Ein Mann sieht mich fragend an. Zuckerkrümel kleben an seiner Backe, und ehe ich noch „Wie bitte?" antworten kann, hocke ich schon neben einer breiten Dame. „Es ist Sonntag, da sitz' ma gern z'samm'." So einfach ist das hier. Alle kauen und schlürfen Kaffee. Ich blicke mich um. Im Nebenraum gibt es eine Ausstellung schöner Blumenbilder.

„Neulich war Vernissage", sagt der anwesende Künstler. „Erich!" Er streckt mir die Hand entgegen.

Da niemand anderer etwas sagt, tue ich ihm den Gefallen: „Man kann hier in der Gegend waldluftbaden, höre ich?" Kaugeräusche. Dann sagt Erich: „Ja. Drüben am Waschenberg!" Und ehe ich michs versehe, gerate ich in einen Beratungskreislauf, was man hier, im vermeintlichen Nordland, direkt an der tschechischen Grenze, so alles unternehmen kann für Geist und Körper – darunter zum Beispiel die Freiluftgalerie des Künstlers Gerhard Eilmsteiner, dessen fantasievolle Skulpturen Namen wie *Wettershuttle* oder *Wagen ohne Pferd* tragen, zu Fuß erwandern. Zu entdecken gibt es außerdem den Waldlehrpfad, das Europaschutzgebiet Maltsch oder die Blockheide Lippenhöhe – Luftbäder, die Seele und Geist neu beleben.

„Danke", sage ich, und kaum dass ich mich erhebe, verstellt mir schon der Blumenkünstler den Weg und erklärt sich bereit, mich durch den Ausstellungsturm zu führen. Ich stimme zu. Wes Kuchen man isst, des Lied man singt. Und genau hier wird der Tag eine unerwartete Wendung nehmen und mich ein paar Stunden später als ein anderer entlassen, als der ich gerade noch gekommen bin.

„Schon was vom Green Belt gehört?", fragt Erich. Ich schüttle den Kopf. „Nicht? Er reicht von der Barentssee über die Adria bis hinüber ans Schwarze Meer. Vor noch nicht langer Zeit nannte man ihn Eiserner Vorhang."

Beinahe vierzig Jahre lang teilte der Todesstreifen Europa in zwei Hälften. Menschen errichteten eine Grenze des Hasses, bestehend aus Stacheldraht, Wehrtürmen und Minen. Das Niemandsland galt als verbotene Zone. Was nach dem Zweiten Weltkrieg überwunden zu sein

schien, war politische Gegenwart. Die Barriere zwischen
Ost und West wurde neu defi-
niert. Die Strategen des Kalten
Krieges zogen eine Blutspur
durch Städte, Länder und Familien.

Zufall oder nicht, immer
wieder erfahre ich auf Reisen
das Glück unerwarteter Begegnungen, die meine Gedanken
neu sortieren und mich mit
Tatsachen konfrontieren, die
ich zwar sah, aber nicht er-

Der hölzerne Turm

kannte. Zum wievielten Male stoße ich an diese imaginäre Grenze zwischen Apathie und Empathie? In Windhaag
bekomme ich Nachhilfe in Sachen Zeitgeschichte. Lernen,
um zu verstehen. Denken für die Zukunft.

Der an manchen Stellen bis zu einem Kilometer breite
„Zwischenraum", der den Kontinent spaltete, brachte unzähligen Menschen Leid und Tod, der Natur aber verhalf
er zum Innehalten. Nirgends sonst war dies ausgeprägter zu beobachten als auf jenen zwölftausendfünfhundert
Kilometern Brachland, das sich von Norden nach Süden
über den europäischen Kontinent erstreckte. Die politische Katastrophe ermöglichte das Überleben von Flora und
Fauna. Das ökologisch längste zusammenhängende „Ver-
bundsystem" der Welt war die Folge politischer Unver-
einbarkeit. Vierundzwanzig Staaten verbindet der Verlauf
des „Grünen Bandes". Überall dort, wo Tod gesät wurde,
entwickelte sich Lebensraum: Tiere, Pflanzen, Auwälder,

Im Museum

Moore, Teiche, Wälder, Nationalparks (in Österreich das Thayatal und der Neusiedler See). Der Todesstreifen wurde zum Überlebensraum. Die Natur überlebte Dantes Inferno. „Wildnis" wurde zu „Biodiversität".

Ich gehe durch die Ausstellung und erlebe Zeitgeschichte. Raum für Raum erschließt sich mir Europas „Grüner Gürtel" als ein riesiges Netzwerk biologischer Vielfalt, als lebendige Erinnerungslandschaft, die die jüngere europäische Geschichte auf eine einzigartige Weise eint. Kooperation und Zusammenarbeit in Sachen Regionalität und Naturtourismus ist die Devise. Das „Band" ist längst zu einem Überlebensmodell geworden und repräsentiert die Utopie eines Verbundsystems für Tiere, Pflanzen und Menschen. Natur ist radikaler als jede politische Partei.

Das Green Belt Center in Windhaag hat sich nicht nur der Dokumentation des ökologischen Zusammenhalts verschrieben, es ist auch zu einem Ort des Nachdenkens über die Zukunft geworden. Die kuchenessende Schrulligkeit, die mir eingangs noch die Sicht verstellte, weicht während meines Besuches der Erkenntnis, dass es ohne Bewusstseinsbildung kein Leben gibt. Das sich verändernde Klima, die zunehmenden sozialpolitischen Probleme, die Radikalisierung der Klassengesellschaft führen uns vor Augen: Weitermachen wie bisher ist keine Option. Das Vogel-Strauß-Modell der regionalen wie weltweiten Ökonomie fordert seinen Preis. Das Morgen ist im Heute angekommen.

„Es geht sich nicht mehr aus", sagt Alfred Klepatsch, Altbürgermeister und Vordenker der Windhaager Bewusstseinswerkstatt. „Nimmt man das Thema Nachhaltigkeit ernst, so wird man um eine Diskussion über unseren Lebensstil nicht herumkommen", sagt er, „und das betrifft alle Bereiche: von der Mobilität über das Wohnen bis hin zum Freizeitverhalten."

Einer der Räume des Museums erstrahlt in Grün, Rot und Orange. Linien legen Schnittmuster durch den Raum, zerteilen ihn, fügen ihn neu zusammen und führen mir eindrücklich die Vielfältigkeit und Komplexität der Welt vor Augen. Das Grüne Band hat mich in eine surreale Welt begleitet, die mich verführt, Zusammenhänge zu begreifen, indem ich Einzelteile zusammensetze. Es ist tröstlich zu sehen, dass aus Licht und Farbe eine Welt der Fantasie entsteht, die Poesie zu Realität werden lässt. Mit Nachdenken alleine ist es aber nicht getan. Zum Überleben gehört auch Einsicht, zur Einsicht Mut und zum Mut Veränderung. Die freundlichen Windhaager haben es begriffen – hier, im Ödland des Mühlviertler Nordens, das, so schnell kann man den Sonntagskuchen gar nicht hinunterschlucken, zum Zentrum nachhaltigen Denkens wurde und in Sachen Nachhaltigkeit und Bewusstseinsbildung mehr zur Zukunftsstrategie beiträgt als so manch eine innovativ-schrullige Fernsehunterhaltung es vermag.

Stifterwald

**Pfarrkirche Kefermarkt, 4292 Kefermarkt –
Ferienregion Böhmerwald – Oberplan**

Die Idee, die Heimat Adalbert Stifters zu besuchen, kam mir, als ich bewundernd vor einem der herausragendsten Kunstwerke saß, die je im oberösterreichischen Mühlviertel geschaffen wurden und dessen Bedeutung bis weit über die Landesgrenzen hinaus reicht: dem Kefermarkter Flügelaltar. Unbekannte Meister schufen das gotische Prunkstück gegen Ende des 15. Jahrhunderts, und noch heute lockt es Heerscharen von Besuchern in die hiesige Pfarrkirche. Mehrfach wurde der Altar restauriert und durch Umbauten vor dem Zahn der Zeit bewahrt. Gegen Mitte des 19. Jahrhunderts kam es, wie es kommen musste: Der Altar fiel Ungeziefer zum Opfer. Holzwurm versus Kunst. Niemand Geringerem als Adalbert Stifter, damaliger Landesvolksschulinspektor, ab 1853 auch Landeskonservator Oberösterreichs, oblag es, das herausragende Kunstwerk vor dem Wurm zu retten. Was also lag näher, als sich auf die Spuren des großen böhmisch-österreichischen Schriftstellers, Pädagogen, Lebefürsten und Bewahrers (ober-)österreichischer Identität zu begeben?

Ich schwang mich auf mein rotes Gefährt und zog in Richtung Böhmerwald.

Das Gebiet ist von unzähmbarer, verschwiegener Schönheit und erstreckt sich über hundert Kilometer entlang der deutsch-tschechisch-österreichischen Grenze. „Šumava" wird er von den Südböhmen genannt und das bedeutet „die Rauschende". Der Wald ist jenseits der Grenze weiblichen Geschlechts. Wander- und Radwege führen vorbei an malerischen Gutshöfen, endlosen Wiesen und dunklen Seen. Die Flüsse, Torfgründe, das undurchdringlich düstere Gehölz der bis zum Himmel ragenden Tannenwipfel muten paradiesisch an, unzerstörbar, ewig, als hielte die Schöpfung hier den Atem an.

Der riesige Wald aber ist massiv bedroht. Einerseits durch den Menschen selbst, der, seit er sesshaft ist, ein rätselhaftes Interesse daran entwickelte, seinen Lebensraum zu beschädigen: Die Schutzbestimmungen für Bauvorhaben, erstellt zur Bewahrung der Natur, werden nach und nach gelockert. Der zweite, übermächtige Feind ist der Borkenkäfer – der sich von den Altäre aufmampfenden Holzwürmern zwar im Fressverhalten, nicht aber in seinem Appetit auf Kostbares unterscheidet. Während Ersterer jede Menge Löcher und Mehl hinterlässt, arbeitet sich der Käfer unterhalb der Rinde durch das Holz der Bäume. Der befallene Flügelaltar und der zu Sägemehl zerlegte Böhmerwald waren und sind das Opfer artähnlicher Kanaillen.

Die größte Plage der jüngeren Geschichte erlebte die Region im Jahre 2007 nach dem Orkan Kyrill. Damals waren rund zweieinhalb Millionen Kubikmeter Baumbestand vom bösen Käfer befallen. Und der war glücklich: Wie bei einer riesigen Ausspeisung fielen die Schädlinge über ihre

Der Böhmerwald ist von zeitloser Schönheit.

Mahlzeit her, nichts und niemand konnte sie daran hindern, die köstlichen Hölzer zu verspeisen. Ein veritabler Streit zwischen den Nachbarn nördlich und südlich des Böhmerwaldes entbrannte. Die Mühlviertler Bauern fürchteten um ihre Ländereien, denn die einfliegenden Räuber bedrohten auch ihre Existenz. Erst als die tschechische Seite beschloss, massive Maßnahmen gegen die Invasion zu setzen, wurde man der räuberischen Tiere Herr. Über eine Million Kubikmeter Bäume musste gefällt werden. Die Stämme blieben liegen. Nur der Rest überlebte. An manchen Stellen sieht der Wald aus wie nach einem Giftgasangriff. Es wird noch Jahrhunderte brauchen, bis die „Rauschende" auf tschechischer Seite ihrem Namen wieder gerecht wird.

Ich erobere den endlosen Wald von der Oberösi-Seite her. Oben, an der Grenze, mache ich halt und wechsle von der Vespa aufs Fahrrad. Ab nun steige ich kräftig ins

202

Pedal, zuerst aufwärts, dann in weitem Bogen hinunter in Richtung Lipno-Stausee. In der Nähe des kleinen Ortes Loučovice, oberhalb einer Moldaukehre, erhebt sich eine der seltsamsten Felsformationen des Böhmerwaldes, eine chaotisch über den Abhang ragende Schutthalde massiver Steinblöcke. Die Menschen nennen sie „Teufelswand".

„(...) ernster und schöner wird diese Erscheinung erst weiter unten von Kienberg, wo eine Gesellschaft von Felsen steht, die Bäume immer weniger und kleiner werden, der Stein sich mehrt und endlich allein in größter Fülle die Herrschaft führt. Zerschlagene, zertrümmerte Steine liegen umher, ein mächtiger Felsenbau erhebt sich und trägt die graue Brust aus dem ringsum liegenden Reiche der Zerstörung empor (...)"

Niemand anders hat den Böhmerwald so eindringlich beschrieben wie der Sohn eines Leinenwebers, der seine ersten Gedichte unter dem Pseudonym „Ostade" veröffentlichte und im kleinen Städtchen Oberplan (Horní Planá) am Nordufer des Lipno-Sees das Licht der Welt erblickte: Adalbert Stifter. Der Erzähler, Maler, Pädagoge und wirkliche Hofrat war einer der profundesten Biografen des Biedermeier. Malte Ferdinand Georg Waldmüller seine Zeit mit Pinsel und Farbe, war Stifter deren Wortführer. Ist das Wort „Kitsch" angebracht? Keineswegs. Kitsch setzt Kalkül voraus, eine sich anbiedernde Trivialität. Adalbert Stifter aber schrieb mit verwundeter Seele. Schwermut bestimmte sein Werk. Die Wortgebirge wollten nichts anderes als die Welt beschreiben, wie er sie sah. Ohne Berechnung. Arglos. In ihnen offenbarte sich eine lebenslange Sehnsucht nach Leben. Die detailreichen Schilderungen von Natur und Mensch, die sich darin offenbarende „biedermeierliche"

Sittlichkeit beschreibt die Zeit zwischen Wiener Kongress und der bürgerlichen Revolution von 1848. Obwohl vorerst Anhänger der Aufständischen, entwickelte sich Stifter zum „fortgeschrittenen" Liberalen, wurde Schulrat und trat, nicht zuletzt aufgrund wachsender finanzieller Sorgen, in den Staatsdienst ein. Als Landeskonservator befreite er so manches Aktengebirge vom Staubmilbenbefall (und fügte wohl auch so manches hinzu). Ungebrochen aber blieb seine angeborene Vorstellung vom „Mysterium göttlicher Natur".

„Klare, liebliche, silberhelle Menschenstimmen (...) drangen zwischen den Stämmen hervor, unterbrochen von dem teilweisen Anschlage eines feinen Glöckleins. Gleichsam wie lauschend dem neuen Wunder hielt die Wildnis den Atem an, kein Zweig, kein Läubchen, kein Halm rührte sich – die Sonnenstrahlen traten ungehört auf das Gras und prägten grüngoldne Spuren – die Luft war unbeweglich, blank und dunkelblau – nur der Bach, von seinem Gesetze gezwungen, sprach unaufhörlich fort, flüchtig über den Schmelz seiner Kiesel schlüpfend wie über eine bunte Glasur."

Betulich. Besessen. Beflügelt. Stifters Worte verraten Einsamkeit. Wer dem Bausatz göttlicher Schöpfung nachspürt, macht sich verletzlich. Stifter verfiel der Fresssucht. Sein Menüplan umfasste nicht weniger als fünf Mahlzeiten pro Tag. Der wohlfeile Gabelbissen, bestehend aus (zumindest) einem Schnitzel mit Erdäpfelsalat, folgte dem üppigen Frühstück. Pünktlich um zwölf das dreigängige Mittagsmahl: Als Vorspeise gab's im hofrätlichen Hause zumeist Forellen, der Hauptgang bestand aus einer (ganzen) gebratenen Ente, Beilagen inklusive. Darauf folgte

Stifters Elternhaus

eine Jause mit Kaffee und Kuchen sowie – der leere Sack steht nicht – ein der besseren Verdauung wegen früh servierter Abendimbiss.

Ich befinde mich jenseits der Landesgrenze, aber immer noch innerhalb der Region Böhmerwald, in Stifters Elternhaus, das längst schon zu einem kleinen, aber feinen Museum umgestaltet wurde, verliere mich in diversen Erstausgaben seiner Romane und Erzählungen, bewundere die hübschen Fotografien aus fernen Zeiten, in der der Wald noch voller Bäume und der See noch Fluss war, betrachte Bilder und Miniaturen, auch die Totenmaske des Meisters. Dann trete ich durch die niedrige Tür nach draußen. Die tiefe Sonne fällt auf das ebenerdige Haus. In einer halben Stunde geht die Fähre zurück zum anderen Ufer, in Richtung Mühlviertel. Kurz nehme ich auf der Bank vor der Eingangstür neben einem wohlbeleibten Mann Platz

Quer durch den Böhmerwald führt der Schwarzenberg-kanal.

und genieße die Wärme des Abends. Wie oft wohl ist der kleine Adalbert durch diese Türe hinaus in die Freiheit geschlüpft, um hinunter zur Moldau zu laufen, oder hinüber zu den Wiesen, die bis zum dunklen Wald reichen?

„Sind Sie fremd hier?", fragt der Mann.

„Eigentlich nicht", sage ich.

„Genau wie ich." Er blickt mich von der Seite her an.

„Ich wollte Sie nicht stören", versichere ich ihm und erhebe mich.

„Sie stören nicht", sagt der Mann, „ich sitze immer hier."

„Immer?"

„Immer."

Ich nicke ihm zu, besteige mein Rad und fahre bergab, die staubige Straße in Richtung Lipno-See hinunter. An der nächsten Kreuzung halte ich und wende mich um. Wenn ich mich nicht täusche, winkt mir der dickliche Mann zu. Jetzt erhebt er sich und, ich täusche mich gewiss nicht, geht ins Haus hinein. Die Sonne verschwindet hinter der Hügelkette des Böhmerwaldes und der nahe Abend breitet seine wärmende Decke über den Sommerhimmel.

Der schnader-hüpfelnde Schulfuchs

Stowasser-Bankerl, Lest 23, 4212 Neumarkt im Mühlkreis

Ich nehme Platz auf der Bank am Rande eines Feldes, gleichsam auf der Straße, wo innerhalb der nächsten Stunde ohnehin kein Auto vorbeikommt, am ehesten noch ein paar Pferdefuhrwerke, und genieße die Ruhe, unterbrochen nur vom Seufzen der Bauersleute, die ihre Rücken krümmen, um Rüben und Rettich zu ernten – oder was immer sie anbauen hinter ihren Häusern. Ich sitze da und blicke in Richtung Horizont. Ein Reh tritt am Waldesrand aufs Feld heraus, hebt unsicher den Kopf, nimmt Witterung auf, verschwindet bald zwischen den reifen Ähren und bringt, einer Woge gleich, den Feldbestand in Unruhe.

Als ich erwache, ist es später Nachmittag. Wie lange ist es her, dass das Tier drüben aus dem Wald trat, um zwischen den Halmen des Feldes zu verschwinden, während ich das Seufzen der Bauern zu hören vermeinte?

„Guten Tag."

Ich blicke beiseite und nehme eine Gestalt wahr, einen alten Mann, den Stock in der Rechten, der gleich mir über die Landschaft blickt. Scheinbar reglos sitzt er da, eine Armlänge von mir entfernt. Hatte ich ihn nicht gesehen, als ich mich hier niederließ, oder kam er erst später hinzu? Wiewohl es den Anschein hat, als säße er schon eine Ewigkeit da. Ich erwidere seinen Gruß und wundere mich, dass er sonst keinerlei Anstalten macht, mich auch nur eines Blickes zu würdigen, oder mir sonstwie zu verstehen gibt, seiner Aufmerksamkeit wert zu sein. Als wäre er aus Pappe, hockt er auf der Bank neben mir und starrt zum Wald hinüber.

„Wir kennen uns?", sage ich, und meine dies mehr als Frage denn als Feststellung, woraufhin eine überlange Pause entsteht, die mich zweifeln lässt, ob sein Gruß vorhin überhaupt mir gegolten hat. Erinnert mich der Alte an jemanden? Es kommen mir Bekannte in den Sinn, viele, auch jene aus der Jugendzeit. Wieder vernehme ich eine Stimme, diesmal aber eine andere. Wie alt war ich, als ich sie zuletzt hörte? „Klassenarbeit", fistelt mein Lateinlehrer.

Ich sitze in der Schulbank jenes Bubeninternates, an welches mich nun schon ein Leben lang eine qualvolle Erinnerung verfolgt – in Wahrheit aber befinde ich mich inmitten einer von goldgelber Sonne beschienenen unberührten Landschaft, die mich aller Beschwernis zu entrücken scheint, wenn mich auch die Begegnung mit dem Pappgesellen Jahrzehnte meines Lebens zurückführt ...

Am Tisch liegt jenes abgegriffene, rote Buch, eng bedruckt mit einer mir unverständlichen Sprache längst vergangener Tage und vollgepackt mit Gedanken und

Gedichten, die sich mir, dem von „gerade noch" zu „nicht genügend" balancierenden schlechtgutschlechten Schüler, als unübersetzbar erweisen. Wir Zöglinge sind angehalten, „alte Geschichten zu verstehen, um die Zukunft zu meistern", wie es an der Wand der großen Aula geschrieben steht. Für Allerweltspädagogen liegt das Meistern des Kommenden im Verständnis des Vergangenen. Na schön. Ovid, Cicero, Vergil, Horaz – heute verneige ich mich vor dem Wissen alter Dichter und Denker, damals aber erschienen sie mir als Trinität von Angst, Versagen und Unbelehrbarkeit, angesiedelt weit jenseits des Erfassbaren.

Josef Maria Stowasser, der Worteschmied

„Stowasser auße, Pfeifen! Händ' aufs Pult!", meckert das Mandl.

Hieß er nicht so? Mandl! Natürlich! Ein Winzling, dessen speckiger Arbeitsmantel nach Opossum roch – nicht von ungefähr, der kleine Mann hat mich auch in Naturgeschichte unterrichtet. Tatsächlich bin ich gerade dabei, einen mit winzig kleinen Zeichen versehenen Spickzettel aus dem Ärmel zu fischen, als ich „I siech olles!" ein paar Zentimeter neben meinem Ohr vernehme. Nun heißt es: Flucht nach vorne.

„Ich hab eh nix, Herr Fessa", stottere ich, lasse das Butterbrotpapier im Mund verschwinden und würge den zähen Knäuel hinunter, noch ehe der Gnom sich Zugriff darauf verschaffen kann.

„Mund auf!"

Die guten Lateinschüler unter den Kommilitonen kichern, die schlechten erbleichen. Ich strecke die Zunge heraus. Das Mandl vergewissert sich, dass die Mundhöhle leer ist. Danach stecke ich die Nase nur noch tiefer in die Klassenarbeit und verbringe den Rest der Stunde mit Selbstjustiz. Ich piekse mir die Zirkelspitze kreuz und quer in den Unterarm, so verzweifelt bin ich über mein lähmendes Nichtwissen. So sehr ich mir auch die Augen aus dem Kopf schiele, es ist mir nicht möglich, die krakelige Schrift meines Sitznachbarn zu entziffern. Irgendwann lasse ich es gut sein und ergebe mich meinem sisyphotischen Schicksal.

„Ungenügend. Auf Wiederschau'n im nächsten Leben", sagt das Mandl und zieht mir das Heft weg.

Auch in der neuen Schule sollte Latein mein Schreckensgegenstand bleiben, nebst Mathe, Chemie, darstellender Geometrie und all den anderen Fächern. Strebern aber war nun mal nicht meins. Also verließ ich mich auf meine Grundbegabung (auf welche?), wie so manch einer, der dereinst zum Genie eines gänzlich anderen Fachgebietes werden sollte. Acht lange Jahre meines Mittelschuldaseins verkaufte ich mich unter Wert, so lange, bis ich eines schönen Maientages meinen verblüfften Eltern das Maturazeugnis präsentierte. Wie es dazu kam, ist mir bis heute ein Rätsel.

„Ich tue, was ich kann", krächzt der Pappkamerad plötzlich, „Stowasser mein Name. Josef Maria Stowasser,

Lehrkörper der Unbelehrbarkeit, sehr erfreut." Der Alte neben mir lächelt. „Das Opus magnum habe ich in diesem Haus vollendet. Na los, sehen Sie sich um!" Und während drüben das Reh aus dem Feld auftaucht, um wieder im Wald zu verschwinden, wende ich mich um.

Hinter mir liegt ein hübsches, einstöckiges Haus, das ehemalige Stationsgebäude der Pferdeeisenbahn Linz–Budweis, wie auf einer kleinen Tafel nachzulesen ist. Darunter steht schwarz auf weiß: „Josef Maria Stowasser, Altphilologe und Dichter, Professor in Latein, Griechisch und Deutsch am K. & K. Staatsgymnasium Freistadt, verbrachte im Hause Lest Nr. 23 seine Sommerferien und vollendete hier sein bis heute im ganzen deutschsprachigen Raum verwendetes ‚Lateinisch-Deutsches Schulwörterbuch'." Auch die letzte Zeile des Buches ist vermerkt: „Lest im Mühlviertel, am 18. August 1893".

Das Werk erfuhr bis zum heutigen Tag acht Auflagen, zahllose Nachdrucke sowie unendlich viele verkaufte Exemplare. Es ist das nach der Bibel wohl meistzerfledderte Buch der Neuzeit. Generationen von Schülern hielten es in ihren schwitzigen Händen, falzten Eselsohren hinein, drückten ihre Nasen darin platt und verdankten ihr Viertel- bis Halbwissen der lexikalischen Arbeit jenes hochgebildeten Lateiners, Übersetzers, Nachdichters antiker Epigramme, Sprachwissenschaftlers – eines von seinen Schülern hochgeschätzten Pädagogen, Lebemannes und „leidenschaftlichen Freund der Bestrebungen der organisierten Arbeiterschaft", wie anlässlich seines Nachrufes in der Wiener *Arbeiter-Zeitung* würdigend zu lesen war. Der Herr, neben dem ich Ahnungsloser die Ehre habe zu sitzen, ist eines der wenigen Genies zwischen Vergangenheit und

Mann auf Bank

Zukunft, deren Nachname in den lexikalischen Sprachschatz übernommen wurde. Herr Stowasser hat es neben den Kollegen Langenscheidt, Litfaß und Maggi geschafft, als Vokabel zu überleben. Sein Opus wird lange noch als bahnbrechendes Werk der Übersetzung lateinischer Sprache gelten, so lange jedenfalls, bis das Zeitalter der künstlichen Intelligenz angebrochen ist, wovor uns Gott, wenn es ihn denn gibt, bewahren möge. Bis dahin aber wird der zu Papier gewordene „schnaderhüpfelnde" Schulfuchs unser Begleiter sein.

In die Wiege gelegt wurde dem kleinen Josef Maria sein späterer Ruhm nicht. Geboren 1854 in Troppau, im heutigen Tschechien, waren Not und Hunger seine Anverwandten. Nach dem Gymnasium übersiedelte er „hinunter" in die ferne Reichshauptstadt, studierte Klassische Philologie und machte aus der Not seiner Armut die Tugend seines Lebens: die Lehramtsprüfungen für Latein und Griechisch. Vorerst unterrichtete er in Wien, dann ging er für drei Jahre ins oberösterreichische Freistadt. Stowasser war, schenkt man der Überlieferung Glauben, ein seinem Gemüt nach „frischer, unkonventioneller" Lehrer, keineswegs trocken und pedantisch, sondern „mitreißend und ansteckend". Seine

Unterrichtsmethode war ungewöhnlich und lief der damals gängigen Schul(re)form in allen Regeln zuwider. Sein Geist wird als sprühend beschrieben, sein Temperament als ungezügelt und sein Appetit auf das Leben als unstillbar. Grundsympathisch. Der von seinen Schülern Hochgelobte publizierte bald schon in wissenschaftlichen Blättern und trat als Etymologe in Erscheinung, bevor er sich ans Werk machte, um althergebrachtes Wissen auf neue Beine zu stellen und ein zeitgemäßes, wissenschaftlich neu formuliertes, schülergerechtes Lateinwörterbuch zu schaffen. Fünf Jahre verwendete er neben seiner Lehrtätigkeit dafür, und im Jahre 1893, als in Deutschland ein gewisser Herr Diesel seinen Motor patentieren ließ, die Einheitsuhrzeit eingeführt wurde und der Wald-und-Wiesen-Dichter Karl May seine ersten *Winnetou*-Bände publizierte, war es so weit: Der allererste *Stowasser* lief von den Rotationsmaschinen und landete auf den Pulten der butterbrotpapierkauenden Gymnasiasten.

Diese bahnbrechende Arbeit genügte Stowasser nicht. Immer wieder flog sein literarischer Geist in die Ferne, ließ den aufgewirbelten wissenschaftlichen Staub hinter sich, nutzte seine dichterische Begabung und beschenkte die Welt mit federleichten Publikationen wie der lyrischen „schriftsprachlichen" Gedichtsammlung *Mein Psalter* oder den *Griechischen Schnadahüpfeln*, allesamt lustvolle Proben „zwiesprachiger Umdichtung":

Von Griechen stammt der Liedchenstrauß,
Von Meistern, wie man minnt und zecht;
Ein Wiener Schulfuchs schuf daraus,
Was uns in Östreich mundgerecht.

Der trink- und sangesfrohe Josef Maria Stowasser war bei seinen Schülern mehr als beliebt. Nicht nur half er ihnen bei der lästigen Pflicht ihrer Übersetzungen, er war ihnen auch leuchtendes Vorbild in Sachen Lebenslust. Seine vierzeiligen Gstanzln in Mühlviertler Mundart erfreuten sich höchster Beliebtheit, wie auch die Übertragungen populärer Gedichte ins Lateinische und Griechische:

Mei Dianderl hoaßt Nanderl,
Hat schneeweiße Zahnderl ...

Bei Catull würde es heißen:

Nostin Nannarion, meos amores?
Dente quae niveo genuque lucet ...

Und in der augusteischen Klassik, bei Horaz, Vergil oder Livius heißt es so:

Unde tibi nomen peregrinum, Tusca puella?
Cur mater dici Nannida te voluit?
Haud scio, sed dentes miror nive candidiores
Laetarerque libens et genuum nivibus ...

Woher hast du deinen fremdländischen Namen,
etruskisches Mädchen?
Weshalb wohl wollte deine Mutter, dass du Nannis
heißest?
Ich weiß es nicht, bewundere, aber ach, deine Zähne,
Die weißweißer sind als Schnee ...

Der Herr Professor hatte unbändige Freude an der Sprache, und alle, die seinen Spuren folgten, wohl auch. Sie bewunderten in ihm den Wortgiganten, der er war, zu dem er sich stilisierte, der seinen Lesern allerhöchsten Spaß bereitete – nicht zuletzt sich selbst. Ob Hexameter oder Pentameter, Gstanzl oder Schnaderhüpfel, seine Lust galt dem Sprachspiel. Er übertrug Epigramme aus der griechischen Literatur ins Oberösterreichische und sinndichtete gleich auch noch seine beiden Vornamen Josef und Maria dazu:

Mein' Ersti is d' Mirl
Vo Harrachstal gwen.
Mein Zweiti war von Sandl
Ar a Mirl – aba schen!
Dö Dritti war d' Mirl
Vo Roanbach, 's is wahr.
Dö Vierti hoaßt Mirl
Aus da Freistäda Pfarr.

Ja, 's so mei Gschick,
Daß i lauta Mirln find.
Warum?
Weil s' mi Sepp und Marie taft
Habnt als a kloans Kind.

Stowassers Verbündete waren die Buchstaben, Silben, Konsonanten, Vokale. Mit ihnen spielte er, verschraubte sie und deutete sie um, knetete und ergründete sie und verstieg sich zu Phrasengeklüngel, Paar-, Kreuz-, Schweif- und Kettenreimen. Er badete in der Begrifflichkeit surrealer Bedeutung, schwamm in sinnentfremdeter Belanglosigkeit, klaubte, reimte und fügte schließlich zusammen. Seine Schüler hingen an seinen Lippen, während er, der Sprachgigant, nach und nach zerbrach. Stowasser beutete sich aus. Sein Leben lang. Der Körper sehnte sich nach Ruhe. Und irgendwann war es genug. Er konnte nicht mehr. Die Buchstaben überwucherten ihn. Ruhe in Frieden, Herr Professor. Danke für deinen Humor, deine Arbeit, deine Hilfe, die du uns, den notorischen Nichtwissern, angedeihen ließest. Du hast dich verschenkt an die Wissenschaft, ans Leben, auch an die Liebe. Jetzt sitzt du da, alter Mann, und überblickst dein geliebtes Lest im Mühlviertel. Gut, dass sich aufmerksame, ebenso gescheite Menschen um dich kümmern. Drüben, in Kefermarkt, haben sie dir eine schöne Ausstellung gewidmet.

Am Waldesrand erscheint ein Reh und blickt zaghaft um sich. Jetzt ist es wirklich Abend geworden.

Danke der *Sodalitas*, der Bundesarbeitsgemeinschaft Klassischer Philologen und Altertumswissenschafter, dem „Team Stowasser" sowie den Herren Prandstetter, Harant, Lošek, Sandner, Niedermayr und Maier für die Zurverfügungstellung von Wissen und Material anlässlich der Stowasser-Ausstellung in Kefermarkt, 2023

In Linz müsste man sein!

Die Linzer Museen:
Nordico Stadtmuseum – Schlossmuseum – Ars Electronica Center – Lentos Kunstmuseum

„In Graz muss man nicht gewesen sein", heißt es in Thomas Bernhards *Heldenplatz*. Der Satz steht wie ein Fels in der Brandung theatralischer Befunde und erinnert an den satirischen Stoßseufzer Helmut Qualtingers „In Linz müsste man sein!". Das Fachurteil der beiden literarischen Hochkaräter muss überprüft werden, also gilt meine Aufmerksamkeit der oberösterreichischen Hauptstadt – der steirischen Metropole will ich noch nicht an den Kragen, das hebe ich mir fürs nächste Buch auf. Das Linz-Zitat ist dem unsterblichen Sketch *Der Menschheit Würde ist in Eure Hand gegeben* entnommen, und der Titel wiederum gleicht einer Textstelle aus Friedrich Schillers Gedicht *Die Künstler*. „Künstler" sind Bernhard und Qualtinger weiß Gott. Und was für welche! Hier aber geht's um Linz ...

Ein Dorf, eine Stadt, ein Land besteht, wie jedermann weiß, aus Einwohnern. Und deren Geschichten. Wovon

Geschichtenort Nordico

erzählen sie? Wie wollen sie gesehen und gelesen werden? Es ist spannend, in die Erzählungen einer Stadt einzutauchen, die aus gegensätzlichen Gemeinsamkeiten unterschiedlicher Individuen bestehen. Und so besuche ich jenes Haus als Erstes, in dem Geschichten nachzulesen sind, die mit Worten, Farben, Bildern, Humor, vielleicht sogar mit ein wenig Wehmut aufgeschrieben wurden.

Das kleine, aber feine Museum Nordico forscht und bewahrt. Der Name des Museums entstammt jesuitischer Vorvergangenheit, als Ordensbrüder Schüler aus dem hohen Norden unterrichteten. Diese Zeit ist lange schon vorbei. Heute beherbergt das schicke Palais am Simon-Wiesenthal-Platz die Lebensentwürfe Linzer Bürger, geführt als ein städtisches Museum, geleitet von einem engagierten Frauenteam und gestürmt von wissbegierigen Stadtbewohnern. Im Nordico wird Nebensächliches zur Hauptsache. Ich besteige den Zug der Zeit, fahre in die Gegenrichtung und lande im Jetzt. Die Ausstellungen verhandeln Kaleidoskopisches: „Vergessenes, Alltägliches, Außergewöhnliches", wie die Damen in ihren Publikationen schreiben. Ich erfahre von Johann Baptist Reiter, dem biedermeierlichen Porträt- und Genremaler, vom großen Ansfeldner Komponisten Anton Bruckner, dem die Stadt ein Haus der Musik widmet,

218

von Hermann Bahr, dem kauzigen Dichter, der seine Zeit beschrieb wie kein anderer, und vom Bohemien Anton Maximilian Pachinger, dessen Kuriositäten- und Geschichtensammlung hier verwahrt ist. Ich begegne dem Surrealisten Klemens Brosch, dessen Fantasie an die Kopfwelt Alfred Kubins erinnert, dem wunderkindlichen Mozart, der sich für die dreiwöchige Gastfreundschaft des Grafen Thun bedankte, indem er die *Linzer Symphonie KV 425 Nr. 36* komponierte, dem Astronomen und Mathematiker Johannes Kepler, der in Linz drei seiner berühmtesten Werke verfasste (zum Beispiel *Harmonices mundi*), siebenfacher Vater wurde und dessen Mutter im Zuge der Gegenreformation als Hexe „überführt" und verurteilt wurde – und schließlich Richard Tauber, dem zu seiner Zeit berühmtesten Krawattl-Tenor, der von seiner Heimatstadt aus die Bühnen der Opernwelt eroberte, bis er vor den Nazis (denen er sich vergeblich andiente) nach London floh, wo er verstarb.

Und ich erfahre über die Linzer *Aphrodite*, jene Bronzestatue, die Adolf Hitler vom Bildhauer Wilhelm Wandschneider anfertigen ließ und die er der als „Führerstadt" vorgesehenen Stadt zum Danaergeschenk machte. 2008 lenkte der junge Künstler Alexander Jöchl mit seiner Installation *formlos* die Blicke auf die historische Konnotation des Originals. Die Stadtverwaltung entfernte die Statue aus dem öffentlichen Raum, woraufhin sich die Verantwortlichen postwendend einer hitzigen Diskussion über den richtigen Umgang mit ungewolltem NS-Erbe ausgesetzt sahen. Inzwischen ist die unschuldige Nackte im Nordico gelandet, wo sie immerwährendes Asyl genießt. Dies und noch viel mehr gibt es hier zu entdecken. Sogar die rote

Schleife des als „Mascherl-Franz" in die Klatschspalten der Stadt eingegangenen Kommunalpolitikers Franz Hillinger ruht in einer Vitrine. Oftmals sind es nicht nur die großen Gesten, die den Charakter eines Ortes ausmachen, manchmal genügt auch das Unbedeutende. Und sei es nur jene „bizarrerie ridicule", die an einen gewissen Herrn Altbürgermeister erinnert.

Auch das prächtige, hoch über Linz thronende Schlossmuseum erzählt von Altem und Neuen. Das Angebot in den lichtdurchfluteten Hallen mutet ein bisschen wie das eines künstlerischen Tante-Emma-Ladens an, ist aber doch beeindruckend. Was auf den ersten Blick wie beliebig aussieht, erweist sich letztlich als gründlich. Kostbares und Kurioses gilt es hier zu bewundern: eine Statuette, pars pro toto, die die Oma von Jesus Christus zeigt, die heilige Anna selbdritt, oder, im gleichen Saal, die „Ein-Satz-Katze" des Bildhauers Gerhard Knogler, im nächsten dann eines der Klaviere des Genies Ludwig van, oder, in anderer Abteilung, der Boxermotor des Kultautos Steyr, dessen Werbeslogan lautete: „Ich möcht' ein Baby, mein Steyr-Baby!" – dreizehntausend Säuglinge rollten von 1936 bis 1940 vom Band ...

Das Ars Electronica Center ist gänzlich anderen Geblüts: In dessen Inneren verbirgt sich Innovation und nichts als Innovation, dazu Wissens- und Experimentierfreude. Nicht umsonst wird das kühne Haus am Donauufer von Intellektuellen, Studenten und Volksschülern genutzt wie kein anderes Linzer Museum. Man staunt über so viel Wissen und Wissensvermittlung an einem Ort: „Wie gestalten wir die Zukunft und welche Auswirkungen haben neue

Schlossmuseum

Technologien auf unser Leben?" Hier wird nicht nur die Rolle des Homo sapiens hinterfragt, sondern auch die Herausforderungen an dessen Überleben. Alleine die Annäherung an das Gebäude verblüfft. Hunderttausende LED-Lämpchen lassen die Glas- und Stahlkonstruktion in immer neuen Licht- und Farbmustern erstrahlen und erregen Interesse für eine Denkplattform, die es sich zur Aufgabe stellt, über Kunst, Technologie und Gesellschaft nachzudenken.

In einem strahlend hellen, später verdunkelten Raum ist mir, als löste ich mich in einem Prismenspiegel auf, so sehr nimmt die Illusion alle meine Sinne in Beschlag. Bilder aus Licht heben mich in einen schwerelosen Zustand: Figuren, Formen, Farben – zum Greifen nahe, mäandernd, kreisend, ineinander übergehend. Wie aus dem Nichts ersteht vor meinen Augen die Stahlkonstruktion einer surrealen Maschinenhalle, verschwommen und verzerrt. Ich finde mich in einer geometrischen Welt wieder, in einer schraffierten Grafik, dann versinke ich in der riesigen Fantasiewelt von Hieronymus Bosch. Ich werde in den

Ars Electronica Center:
3-D-Bildwelten

Weltraum gehoben, fliege, überwinde Ozeane und Kontinente. Neben mir steht ein Kind, das ebenfalls die Augen nicht von all den Wundern lassen kann. Bin ich dieses Kind? Ich verliere mich in anderen Welten und verschmelze mit surrealen Bildern. Licht an. Das Leben hat mich wieder.

So sehr mich auch die Bilder bestürmten, so erklärbar sind sie doch. Es handelt sich um hochauflösende Bildkompositionen, die im Format 16 x 9 Meter (!) auf eine turmhohe, gewölbte Wand geworfen werden: eine kunsthistorische Spurensuche anhand des *Turmbaues zu Babel*, Expeditionen in die Mikrotechnologie oder in die Unendlichkeit des Weltraumes, Konzerte und philosophische Wanderungen in ein anderes Zeitalter. „Deep Space LIVE" steht für Unterhaltung innerhalb einer errechenbaren Welt. Was mich am meisten verblüfft, ist die Tatsache, dass hier Technik in einer Art aufgeboten wird, die Kinder und Erwachsene eint: durch die Verblüffung und das Hinterfragen einer technisierten Kunstwelt, die Beginn und Ende eines Universums darstellt, das Intelligenz heißt.

Ich wende mich der Kunst zu. Am gegenüberliegenden Flussufer, gleich neben der Linzer Innenstadt, steht das Lentos Kunstmuseum, ein formschöner, lang gestreckter Quader, dessen Glasfronten eng beschriftet sind. Für all jene, die

Das Lentos

es nicht glauben können, wie sehr die Welt der Künstler in die reale Welt integriert ist, hier steht es weiß auf Glas geschrieben: „kunstmuseum lentos" – und das unendlich oft. Die Größten der Großen haben hier Quartier genommen, von Gustav Klimt bis Gabriele Münter, von VALIE EXPORT bis Max Liebermann, von Carry Hauser bis Haus-Rucker-Co, siebzehnhundert Gemälde, mehr als dreizehntausend Grafiken und unzählige weitere digitale Kunstschätze. Eine exquisite Elite davon findet sich an den riesigen Wänden wieder, der Rest lagert im Depot, so lange, bis er „zu schade für die Lade" ist, dann hängt er ebenfalls im Glaspalast – und anderes muss Platz machen. Das Lentos quillt über vor Kunst. Wer einen Spaziergang quer durch die bildende Kunst machen will – hier und nirgends anders!

Linz ist weltoffen, selbstbewusst und zukunftsorientiert. Es bewahrt Bestandsaufnahmen alter Meister ebenso auf, wie es gleichzeitig Neues, Riskantes nicht ausschließt. Reisende staunen über die Komplexität jener Stadt, in der man, laut Qualtinger, dringend sein müsste. Was hindert uns daran?

Der Moloch

voestalpine AG,
Voestalpine-Straße 1, 4020 Linz

D er Moloch arbeitet." Der Mann blickt versonnen über die Dächer der Fabrikshallen, schließt die Augen, lauscht dem Stampfen der Maschinen, den Sirenen der Schiffe, den Rückfahrwarnern der Transporter, als wäre er selbst Bestandteil der staubigen Welt aus Eisen und Schlacke. „Hörst du?"

Ich höre. Ich habe mir für meinen Trip durch die Welt aus Stahl und Staub den wohl profundesten Guide ausgesucht, den man sich für ein hochkomplexes Unternehmen wie die voestalpine AG nur wünschen kann. Er ist Architekturkritiker, Raumplaner und Stadtentwickler, Familienvater und Missing Link einer der interessantesten Städte der Republik: Linz. Im Nebenberuf ist er Robin Hood und Kommunalpolitiker in Personalunion. Er treibt die Stadtpolitiker vor sich her wie ein Ballesterer das Fetzenlaberl. Wenn er etwas anpackt, hat es nicht nur Hand und Fuß, es hat auch Kopf: Lorenz Potocnik. Architekten zittern vor seinen Analysen, Andersdenkende versucht er über die imaginäre Linie seines Verstandes zu ziehen – mit stichhaltigen Argumenten. Ich lerne ihn als einen beängstigend fit gebliebenen

voestalpine – die Zentrale

Spitzbuben kennen, der mich mit der Begeisterung eines Urban Explorers an die Linzer Peripherie entführt, die so gar nicht peripher ist, sondern ganz im Gegenteil mittendrin.

„Ich zeige dir die VOEST!", sagte er, als ich ihn darum bat, mir „sein" Linz zu zeigen.

„Und weshalb?", fragte ich.

„Weil es einer meiner Lieblingsplätze ist. Er erklärt die Stadt auf eine eigene Weise. Ich komme oft hier heraus und laufe an der Donau entlang. Ich zeige dir etwas, das du sonst nicht zu sehen bekommst."

Natürlich war mir das VOEST-Werksmuseum, die voestalpine Stahlwelt, ein Begriff, aber mir erschien es interessanter, einem ausgewiesenen Linz-Experten zu folgen, der mir einen geschichtsträchtigen Teil seiner Stadt zeigt, als mich vor Schautafeln zu begeben.

Die VÖEST, Vorläufer der heutigen voestalpine AG, war ab 1946 Nachläufer der Linzer Hermann-Göring-Werke,

225

die offiziell „Reichswerke Aktiengesellschaft für Erzbergbau und Eisenhütten Hermann Göring Linz" hießen und Tochtergesellschaft der Berliner „Reichswerke Hermann Göring" waren. Der Spatenstich erfolgte am 13. Mai 1938. Standort war ein östlich der Innenstadt gelegener Stadtteil am Donauknick, St. Peter/Zizlau. Bei den Anrainern fackelten die braunen Horden nicht lange: Nahe gelegene Wohnblöcke wurden dem Erdboden gleichgemacht und mit Schotter planiert. Die Menschen siedelte man um, ein damals probates Mittel. Auf dem Areal eröffneten die Nationalsozialisten die „Stickstoffwerke Ostmark AG", die spätere „Chemie Linz". Die Tochtergesellschaften der Hermann-Göring-Werke, die Rüstungsbetriebe „Eisenwerke Oberdonau GmbH" und die „Stahlbau GmbH", wurden kurz darauf mit der „Österreichisch-Alpine Montangesellschaft" zur „Alpine Montan Aktiengesellschaft Hermann Göring Linz" fusioniert. Vorerst wurden ausländische Arbeitskräfte rekrutiert, ab 1940/41 Zwangsarbeiter und Kriegsgefangene, später KZ-Häftlinge.

Nach Kriegsende wurde das Firmengeflecht zur Herstellung von Kriegsmaterial als deutsches Eigentum von den Alliierten beschlagnahmt, in „Vereinigte österreichische Eisen- und Stahlwerke – VÖEST" umbenannt, von der „Alpine Montan AG" wegfiletiert und als Staatseigentum an die Republik Österreich übergeben. Heute ist die voestalpine AG, deren Sitz im peripheren Zentrum von Linz liegt, mit fünfhundert Konzerngesellschaften und Standorten in mehr als fünfzig Ländern ein Global Player. Der Konzern zählt zu den führenden Partnern der Automobil- und Haushaltsgeräteindustrie, der Luftfahrt-, Öl- und Gasindustrie und ist darüber hinaus Weltmarktführer bei

Die Welt von oben

Bahninfrastruktursystemen, Werkzeugstahl und Spezial-profilen. Das börsennotierte Unternehmen investiert groß-zügig in den Bereich Forschung und Entwicklung. Laufende Verbesserungen in Sachen Umweltverträglichkeit von Pro-duktionsanlagen und Technologien zur Dekarbonisierung sowie langfristigen Reduktion der CO_2-Emissionen gehö-ren zur Firmenphilosophie.

Der schlaue Herr Potocnik erklärt mir das ABC des Weltkonzerns. Mit dem Auto passieren wir das kühn ge-schwungene Office Center der Architektengruppe Feich-tinger. Innovation und die Verantwortung für das Ganze verleihen dem Firmengelände eine ambivalente Grandezza: Immerhin kochen in den riesigen Öfen im 24-Stunden-Takt zig Tonnen Stahl und produzieren Staub, Abgase und Schadstoffe aller Art. Der Höllenschlund wird von einer stylischen Hightech-Stola umhüllt. Was für eine faszinie-rende kleine Welt, in der die große ihre heiße Probe hält.

Achsen, Achsen, Achsen

„Ruderalvegetation!" Mein Guide deutet auf knorriges Geäst. Ich weiß nicht recht, aber irgendwie passt das lausige Gestrüpp zu dieser Industriewüste. Wir fahren an riesigen Stahlschlaufen vorbei, die herumliegen wie Heuballen, am hauseigenen Frachtenbahnhof, vor dem ein paar verrostete Loks stehen, einer riesigen Halde von Eisenbahnradachsen sowie an der firmeneigenen Seelsorgerei und gelangen schließlich zum Donauufer.

„Wir sind da!" Herr Potocnik springt aus dem Wagen und läuft über einen Treppelweg, der schnurgerade am Maschendrahtgitter des Firmengeländes entlangführt. Ich habe Mühe, mit ihm Schritt zu halten. Er hingegen scheint an das Tempo gewöhnt zu sein, denn wie ich im Vorfeld gehört habe, durchmisst er das Stadtgebiet in Überschallgeschwindigkeit wie weiland der „fliegende Finne", der Marathonläufer Paavo Nurmi.

„Die Mühlviertler waren immer schon begehrte Arbeitskräfte. Aus ihnen wurde der innerste Ring werksinterner Mitarbeiter geschmiedet", ruft er mir zu, während ich ihm hinterherkeuche.

„Geht Qualität mit Regionalität Hand in Hand?", frage ich.

Potocnik beachtet mich nicht weiter, warum auch, wir sind hier auf einer Sternfahrt und nicht im Gemeinderat.

228

Ein Frachtschiff quält sich durch die enge Einfahrtspassage des Hafens.

„Brasilien!"

„Sicher?"

„Vielleicht auch aus dem Osten. Es hat Kohle und Erz geladen. Hier wird alles zu Stahl verkocht." Währenddessen läuft er weiter, die Donau abwärts, als gelte es, einen Crosslauf-Rekord aufzustellen – ich, mit Abstand, hinterdrein. An einem der riesigen Sandhaufen macht Lorenz Potocnik endlich halt.

„Sieht aus wie eine Gesteinsformation der Wüste Negev", keuche ich. Der Sand dampft.

„Er wird zum Erkalten der Glühmasse verwendet. Hier kühlt er ab", erläutert er. Weiter geht es. „Achtung, Bergwertung!", ruft mir der bewegungsauffällige Politiker zu, und ehe ich michs versehe, nehmen wir einen gehörigen Anstieg in Angriff – hinauf auf eine riesige Schlackenhalde.

Oben angekommen bin ich erst einmal fertig. Jetzt dampfe auch ich. Von hier aus hat man eine grandiose Aussicht über das Firmengelände der voestalpine. Der Stadt-Indigene überblickt sein Reich. Es scheint ihn stolz zu machen. Weit unter uns liegen die ewigen Jagdgründe seines Volkes: Vergangenheit. Gegenwart. Zukunft. Und das Meer der Häuser. Hier gehört ihm und dem Volk, dem er angehört, die ganze Welt. Das finde ich schön. Und ich bin dankbar für den schweißtreibenden Ausflug. Herr Lorenz hat mir einen lebendigen Anschauungsunterricht in Sachen Hauptstadt erteilt. Kann man von einem Politiker mehr verlangen? Er möge weiter die rathäuslichen Entscheidungsträger vor sich hertreiben. Der Mann kann, darf, soll, muss es.

Bildnachweis

Alle Fotos stammen von Michael Schottenberg mit Ausnahme der folgenden: Ulrik Hölzel (5, 9, 14, 45, 59, 119, 155, 230, 240), Volker Weihbold (41, 42), Land Oberösterreich, OÖ Landes-Kultur GmbH, Bibliothek/Originalfoto: Herbert Römer/Foto: Michael Schottenberg (184)

Der Verlag hat alle Rechte abgeklärt. Konnten in einzelnen Fällen die Rechteinhaber der reproduzierten Bilder nicht ausfindig gemacht werden, bitten wir, dem Verlag bestehende Ansprüche zu melden.

Der Autor

© Martina Berger

Michael Schottenberg, geboren in Wien, prägte als Schauspieler, Regisseur, Drehbuch- und Bühnenautor das österreichische und internationale Kulturleben. Zehn Jahre Direktor des Volkstheater Wien, zahlreiche Preise. Seit 2015 als Reisender und Autor unterwegs, 2019 Publikumsliebling bei „Dancing Stars". Seit 2020 ist er wöchentlich als Reise-Experte im „Studio 2" (ORF 2) zu sehen.

Bisher bei Amalthea erschienen: „Vom Entdecken der Welt – Schotti to go" (2023), „Schotti to go – Niederösterreich für Entdecker" (2022), „Schotti to go – Wien für Entdecker" (2022), „Schotti to go – Burgenland für Entdecker" (2021), „Schotti to go – Österreich für Entdecker" (2021), „Von Menschen, Märchen & Moguln. Unterwegs in Indien" (2020), „Von Träumen und Schiffen. Unterwegs auf dem Frachtschiff MS *Karina*" (2019), „Von neuen Welten und Abenteuern. Unterwegs in Burma" (2018), „Von der Bühne in die Welt. Unterwegs in Vietnam" (2017).

schottisreisetagebuch.at

Ob Baskenland, Vietnam, Ligurien, Indien oder die Faröer-Inseln – für Weltenbummler Michael Schottenberg ist das Reisen ureigene Notwendigkeit und Sehnsuchtserfüllung. Kein Wunder, dass er neben seiner zahlreichen Leserschaft auch das TV-Publikum der „Studio 2"-Reiserubrik „Schotti to go" allwöchentlich in seinen Bann zieht. „Schottis" Reiseberichte aus aller Welt sind Kaleidoskope der besonderen Art: Unbekanntes, Überraschendes, Verborgenes, Geschichten und Begegnungen mit Menschen, erzählt von einem Entdecker und Reisephilosophen.

Folgen Sie Michael Schottenberg neben einem exklusiven Blick hinter die Kulissen der Sendung an seine Lieblingsorte von Europa bis Asien, zwischen herausfordernden Abenteuern und landschaftlicher Schönheit, zwischen Erstaunen und Verzauberung. Reisefieber garantiert!

Michael Schottenberg
Vom Entdecken der Welt
Schotti to go
256 Seiten, mit zahlreichen Abbildungen
ISBN 978-3-99050-247-1
eISBN 978-3-903441-12-5

Für Reiseschriftsteller Michael Schottenberg sind das Wichtigste die Menschen. Nie sind es die Orte, die Sehenswürdigkeiten, die ihn auf seinen Reisen rund um die Welt in ihren Bann ziehen – es sind die Menschen und deren Geschichten. Auch auf seiner Tour durch Österreich erlebt und „erfährt" er Erstaunliches wie Kurioses: von der Hochzeitsbäckerin im südlichen Burgenland über ballspielende Forellen im Innviertel, vom Holzkünstler in Schruns und der Badefrau im Wiener Tröpferlbad bis hin zum „Schiachen"-Schnitzer oberhalb von Brixlegg.

Mit der ihm eigenen Herzenswärme, Humor und auch Weisheit schildert „Schotti" die schönsten Plätze und Schätze Österreichs, Unentdecktes und Liebgewonnenes – ein Reiseführer der besonderen Art von einem leidenschaftlichen Entdecker und Abenteurer.

Mit zahlreichen Extra-Tipps und Reisefotos in Farbe

Michael Schottenberg
**Schotti to go –
Österreich für Entdecker**
288 Seiten, mit zahlreichen Abbildungen
ISBN 978-3-99050-200-6
eISBN 978-3-903217-75-1

„Das Ferienhäusl, das mein Vater erwarb und in dem ich den Großteil meiner Kindheit verbrachte, ist längst verkauft. Nun, da ich erwachsen bin, zieht es mich wieder hinaus in den Wienerwald, nach Niederösterreich." Mit diesen Worten beginnt die Liebeserklärung Michael Schottenbergs an seine neue Heimat. Der fantasievolle Reisephilosoph tut, was er am besten kann: Geschichten erzählen, die aus dem Herzen kommen und zu Herzen gehen. Seine Tour durch Grafenegg, Maria Gugging, Hardegg, Rossatz und viele andere Orte ist nicht nur ein literarisches Geburtstagsgeschenk an ein 100-jähriges Land, sondern auch ein einzigartiges Dankeschön an all jene Menschen, die ihm ihre Lebensentwürfe anvertrauten: Pecher und Waldrapper, Erdäpfelzüchter und Fischhäuter, Mohnwirte, Vertriebene, Sternengucker, Verpackungskünstler und Löffelmacher. Ein humorvolles Buch voller Abenteuer, Entdeckungen und Begegnungen, die lange im Gedächtnis bleiben.

Mit zahlreichen Extra-Tipps und Reisefotos in Farbe

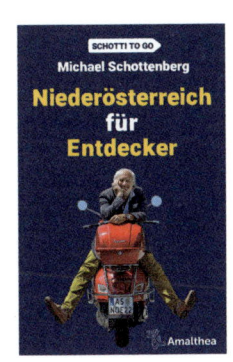

Michael Schottenberg
Schotti to go –
Niederösterreich für Entdecker
240 Seiten, mit zahlreichen Abbildungen
ISBN 978-3-99050-233-4
eISBN 978-3-903441-01-9

„Wien ist Orient und Okzident, Gemütlichkeit und Perfidie, eine Melange aus himmelhoch jauchzend und zu Tode betrübt."

Reisephilosoph Michael Schottenberg hat eine besondere Beziehung zu der Stadt, in deren schummrig beleuchteten Nachkriegsgassen er einst das Licht der Welt erblickte.

Mit liebevoller Zuneigung und doch kritischem Blick trifft er hier neben Wiener Grant und Heurigenglück auf alteingesessene Originale, versteckte Friedhöfe und Märkte sowie bewegende Orte der Erinnerung …

„Wien für Entdecker" ist die Liebeserklärung eines Weltenbummlers an seine Heimatstadt: ein Kaleidoskop von menschlichen Begegnungen, persönlichen Momentaufnahmen und überraschenden Entdeckungen.

Mit zahlreichen Extra-Tipps und Reisefotos in Farbe

Michael Schottenberg
Schotti to go – Wien für Entdecker
224 Seiten, mit zahlreichen Abbildungen
ISBN 978-3-99050-221-1
eISBN 978-3-903217-89-8

100 Jahre Burgenland – Grund genug für Reisephilosoph Michael Schottenberg, Österreichs jüngstem Bundesland einen Besuch abzustatten. Mit seiner roten Vespa braust er von Kittsee bis zum Csaterberg, von Stinatz bis Andau, macht halt auf Burgen und Kulturbühnen, in Stadtschlaining wie in Bildein. Die „junge Dame aus den Golden Twenties" ist der Mittelpunkt der Welt, ist doch das Schicksal von Österreichern, Kroaten, Ungarn und Roma eng mit ihr verknüpft. Der ethnischen Vielfalt und einzigartigen Kultur der Region begegnet „Schotti" in Gesprächen mit außergewöhnlichen Menschen: dem „Gschalerma(n)dlbauer" in Heiligenbrunn, einem Töpfermeister aus Stoob, dem Grabinschriftenjäger von Eisenstadt oder dem, der mit den Düften tanzt, in Frauenkirchen.

Entstanden ist ein humorvolles, geistreiches Buch für Entdecker – und ein Geburtstagsgeschenk der besonderen Art für ein besonderes Land.

Mit zahlreichen Extra-Tipps und Reisefotos in Farbe

Michael Schottenberg
Schotti to go – Burgenland für Entdecker
224 Seiten, mit zahlreichen Abbildungen
ISBN 978-3-99050-209-9
eISBN 978-3-903217-78-2

Im Land von „Onkel Ho"

Michael Schottenberg
Von der Bühne in die Welt
Unterwegs in Vietnam
208 Seiten, mit zahlreichen Reisefotos
des Autors
ISBN 978-3-99050-091-0
eISBN 978-3-903083-82-0

„Burma ist tatsächlich so, wie man es sich vorstellt – und doch ganz anders."

Michael Schottenberg
Von neuen Welten und Abenteuern
Unterwegs in Burma
208 Seiten, mit zahlreichen Reisefotos
des Autors
ISBN 978-3-99050-089-7
eISBN 978-3-903217-26-3

Auf den Planken, die die Welt bedeuten

Michael Schottenberg
Von Träumen und Schiffen
Unterwegs auf dem Frachtschiff MS Karina
208 Seiten, mit zahlreichen Reisefotos
des Autors
ISBN 978-3-99050-162-7
eISBN 978-3-903217-41-6

Wo die Schönheit auf der Straße liegt

Michael Schottenberg
Von Menschen, Märchen & Moguln
Unterwegs in Indien
240 Seiten, mit zahlreichen Reisefotos
des Autors
ISBN 978-3-99050-182-5
eISBN 978-3-903217-57-7